Inhalt

W0095089

Gisela Preuschoff

Ganz entspannt mit Kind und Kegel

Meditationen für gestresste Mütter

Kösel

© 1997 by Kösel-Verlag GmbH & Co., München
Printed in Germany. Alle Rechte vorbehalten
Druck und Bindung: Kösel, Kempten
Illustrationen: Dagmar Kuschetz, A-Tobelbad
Umschlagmotiv: Jutta Bauer, Hamburg
Umschlaggestaltung: Elisabeth Petersen, München
ISBN 3-466-30431-8

1 2 3 4 5 · 01 00 99 98 97

*Gedruckt auf umweltfreundlich hergestelltem Werkdruckpapier
(säurefrei und chlorfrei gebleicht)*

Zu diesem Buch

Wir brauchen nicht mehr Wissen, sondern mehr Weisheit.
Weisheit kommt von unserer eigenen Aufmerksamkeit.
Buddhas kleines Weisungsbuch

Mütter fühlen sich heute oft isoliert und ausgeschlossen, weil sie keinen Anteil am gesellschaftlichen Leben haben, ganz besonders, wenn ihre Kinder noch klein sind. Diese Erfahrung ist deshalb so schwer zu ertragen, weil sie dem gängigen Bild von der glückstrahlenden Mutter, die alles im Griff zu haben scheint, heftig widerspricht. Dieses Bild wird uns in der Werbung tagtäglich vermittelt. Weil die eigene Realität so anders erlebt wird, entwickeln viele Mütter Schuldgefühle, die schwere Folgen haben können.

Vor vielen Jahren habe ich – selbst Mutter von vier Kindern – entdeckt, dass Meditation mir hilft. Damals habe ich die Meditation Selbst-Hypnose genannt, denn ich hatte gerade eine Ausbildung am Milton-Erickson-Institut abgeschlossen und erfahren, dass Klinische Hypnose mir hilft, meine Angst vor Krebs und anderem Leid zu überwinden. Ich lernte, dass Schmerz besiegbar ist.

Je mehr ich mich jedoch mit diesem Thema beschäftigte, desto deutlicher wurde mir, dass diese »moderne« Therapierichtung nur einen kleinen Teil von dem repräsentierte, was an menschlicher Weisheit seit Jahrtausenden existiert. Auf der Suche nach dieser Weisheit bin ich auch auf Yoga gestoßen, das mehr als nur aus Körperübungen besteht. Yoga ist ein umfassendes Gesundheitssystem, in dessen Mittelpunkt die Erkenntnis steht, dass wir Gott in uns entdecken können. Aber wie komme ich dahin? Auf der Suche nach Gott habe ich mich mit vielen Religionen beschäftigt. Ich hatte viele Fragen, große Sehnsucht nach einem Lehrer und nach einer Gemeinschaft, an die ich mich mit meinen alltäglichen Sorgen und Problemen wenden könnte. Weil ich aber vier Kinder habe, die mich alle noch brauchten, konnte ich nicht umherreisen und nach Weisen oder Heiligen suchen. Und obwohl ich gern nach Indien gefahren oder wenigstens einen Meditations-Workshop in Frankreich mitgemacht hätte, blieb ich daheim in meinem Dorf in Schleswig-Holstein. Ich las, probierte Verschiedenes aus, meditierte und redete mit vielen Menschen ...

Letztlich erging es mir aber wie dem Rabbi Isaac aus Polen. Er träumte, er solle in das weit entfernte Prag reisen und dort unter einer Brücke, die geradewegs zum Königspalast führt, nach einem verborgenen Schatz graben.

Der Rabbi nahm den Traum nicht ernst. Als er ihn aber fünfmal hintereinander träumte, entschloss er sich, die Suche nach dem Schatz aufzunehmen.

Als er zu der Brücke in Prag kam, fand er sie zu seinem Entsetzen Tag und Nacht schwer bewacht. Lediglich aus der Entfernung konnte er auf die Brücke starren.

Weil er sich aber jeden Morgen dort einfand, trat der Hauptmann der Wache eines Tages auf ihn zu und fragte ihn nach dem Grund. Dem Rabbi war es zwar peinlich, einem fremden Menschen seinen Traum anzuvertrauen, weil der Hauptmann ihm aber sympathisch war, offenbarte er sich ihm. Der Hauptmann lachte. »Ihr wollt ein Rabbi sein und nehmt Träume ernst? Wenn ich so dumm wäre und mich nach meinen Träumen richtete, würde ich heute in Polen herumwandern. Ich habe nämlich auch einen häufig wiederkehrenden Traum. Eine Stimme sagte mir, ich solle nach Krakau reisen und dort im Hause eines Rabbi Isaac unter der Küchenbank nach einem Schatz graben! Wäre es nicht dumm, nach Krakau zu reisen und dort einen Mann namens Isaac zu suchen, wo doch die Hälfte der männlichen Bevölkerung dort diesen Namen trägt?« Der Rabbi war starr vor Staunen. Er dankte dem Hauptmann für seinen Rat und eilte nach Hause. In seiner Küche grub er ein Loch unter der Bank und fand darin einen Schatz, mit dem er bis an sein Lebensende sorglos leben konnte. Ich bin nicht gereist. Und auch ich halte mich häufig in der Küche auf. Ich fand es tröstlich, dass der Schatz gerade da begraben lag. Außerdem fand ich in meinem Dorf die Märchenerzählerin und Heilpraktikerin Edith Dörre, die mich ermutigte, auf meine innere Weisheit zu hören und meinen eigenen inneren Bildern zu vertrauen. Edith hat vier Kinder und ihr jüngstes machte noch in die Windeln, als sie eine Gruppe einrichtete, in der wir ganz selbstverständlich und regelmäßig meditierten. Wir waren fast alle Mütter mit Kindern im Alter von 17 Monaten bis 17 Jahren. Manche von uns waren gerade zwanzig Jahre alt und andere, wie ich, fast fünfzig. Gemeinsam war uns das Staunen über den Schatz in uns, den wir mithilfe der Meditation und der Beachtung unserer Träume heben konnten.

Ich erkannte, dass es eine Quelle gibt, die niemals versiegt und die mir allein – wie jeder anderen Frau auch – zugänglich ist. Auch ohne Lehrer und religiöse Gemeinschaft. Dies war für mich eine sehr beglückende Erfahrung.

Da es für die Meditation keiner besonderen Lehrer bedarf, kann jeder mein Lehrer sein. Auch unsere Kinder. Dass wir von ihnen viel lernen können, war schon immer meine Überzeugung. Aber können wir auch das Meditieren von ihnen lernen? Zumindest nehmen Kinder von Natur aus gern eine Körperhaltung am Boden ein, die der Meditation förderlich ist. Auch sitzen sie oft ganz von selbst mit Würde und geradem Rücken da. Außerdem leben sie ganz im Hier und Jetzt. Und manchmal vermute ich sogar, dass sie mehr Zugang zu innerer Weisheit haben, als wir ahnen, z.B. wenn sie bestimmte Nahrungsmittel oder Menschen ablehnen oder intuitiv eine Stimmung erfassen.

Wie dem auch sei – ich habe erfahren, dass es möglich ist zu meditieren, auch wenn ich Kinder habe, die noch in die Hose machen. Ich habe gelernt, dass Meditation nützlich ist und hilft, den Alltagsstress zu bewältigen und Lebensenergie zu tanken. Ich habe erkannt, dass Meditation ein gutes Mittel gegen die vielfältigen Ängste ist, die alle Mütter immer wieder befallen. Und dass sie Kraft gibt und Vertrauen in die eigenen Fähigkeiten. Und ich habe erfahren, dass Meditation hilft, den eigenen Kindern mit Achtung und Aufmerksamkeit zu begegnen, und dass man durch sie Liebe spüren und weitergeben kann. All dies möchte ich in diesem Buch vermitteln.

Zunächst gehe ich darauf ein, was Meditation eigentlich ist und wozu sie dient. Hier fließen auch neue wissenschaftliche Erkenntnisse mit ein. Außerdem gebe ich Anregungen, wie man in die Meditation kommen und sie vertiefen kann. Hier gibt es verschiedene Wege und Möglichkeiten. Jede Frau kann selbst herausfinden, was ihr am besten hilft. Es gibt nicht nur einen richtigen Weg, sondern viele, aber nur einen, der genau für Sie der richtige ist. Später gehe ich darauf ein, wie man in der Schwangerschaft mit der Meditation beginnen kann und wie sie dabei hilft, diese wichtige Zeit der neun Monate gut zu durchleben. Auch in der Zeit nach der Geburt, wie z.B. in der anstrengenden Still-Phase, ist Meditation möglich und nützlich. Die Gehmeditation lässt sich auch mit einem Baby auf dem Arm oder mit Kinderwagen durchführen. Aber auch für eine Vielfalt von anderen alltäglichen Situationen wie z.B. beim Abwaschen finden sich Vorschläge zur Meditation.

Die Meditation ist darüber hinaus eine Möglichkeit, mit schwierigen Situationen fertig zu werden. In dem Kapitel »Meditation als Lebenshilfe« möchte ich daher eine Reihe von Entspannungsübungen vorstellen, die Müttern helfen können, ihren Alltag zu bewältigen. Weil Mütter sehr oft durch gutgemeinte Ratschläge ihrer Umwelt verunsichert werden, ist mir hier das Kapitel »Wie man den inneren Ratgeber befragt« besonders wichtig. Ich gehe aber auch auf das Thema Tod ein, da der Tod aus unserem Leben nicht wegzudenken ist. In dem Kapitel »Wenn ein Kind stirbt« habe ich wertvolle Hinweise zusammengefasst, die ich hierzu von Müttern, die ein Kind zu betrauern hatten, erhalten habe. Dies hat mich besonders berührt und bewegt. Ich gehe aber auch auf Dinge ein, die mir in meinem Leben als Mutter besonders wichtig erscheinen: z.B. Festhalten und Loslassen als ein Lebensprinzip oder die Fähigkeit des Umdeutens und der Selbsteinschränkung. Das darauf folgende Kapitel beschäftigt sich mit der Möglichkeit, Krankheiten durch Visualisierung zu mildern und die Angst vor ihnen zu nehmen. Diesem Kapitel schließen sich ausgleichende Yoga-Übungen für jeden Tag an. Im Anschluss an die Yoga-Übungen möchte ich Ihnen zudem weitere Formen der Meditation vorstellen. Im letzten Kapitel werde ich mein persönliches Glaubensbekenntnis in sieben Schritten zusammenfassen.

Am Ende kommt es auf Folgendes am meisten an:
Wie rückhaltlos hast du gelebt?
Wie gut hast du geliebt?
Wie gut hast du das Loslassen gelernt?
Buddhas kleines Weisungsbuch

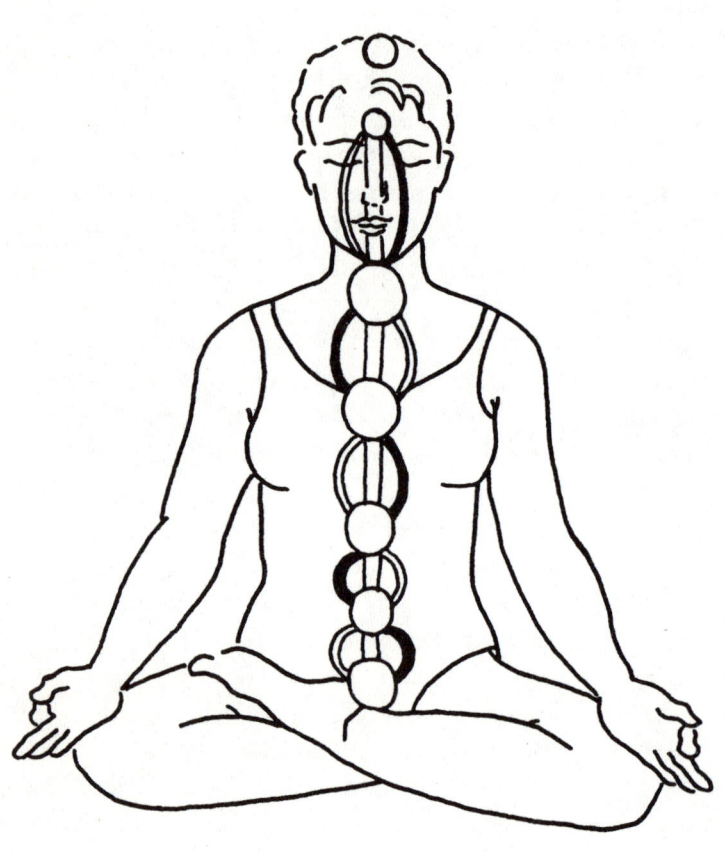

Meditationen – Hilfe für gestresste Mütter?

Meditation bedeutet, sich auf die eigene Mitte zu besinnen. Aber was ist die Mitte? »Der Mittelpunkt meines Lebens ist mein Kind«, haben mir viele Mütter gesagt. Ich selber habe es auch so empfunden. Zumindest in den ersten Jahren. Aber ist ein Kind denn alles und man selbst als Mutter nichts? Das wäre verhängnisvoll, denn wenn ich mir selbst nichts bedeute, kann ich auch nichts geben. Als Mutter stehen wir in einem wechselseitigen Verhältnis zu unseren Kindern, wir werden früher oder später für all das, was wir ihnen geben, belohnt: Dieser Lohn können ein Lächeln, ein unnachahmlicher Duft, Zufriedenheit, kleine Laute sein ...
Wo aber ist unsere Mitte? Ist sie im Herzen, im Kopf oder im Bauch? Buddha bezeichnete Meditation als »mit aufnahmebereitem Herzen lauschen«. Mir gefällt diese Formulierung sehr gut, denn lauschen ist etwas Wunderbares und es setzt voraus, dass es sich zu hören lohnt – das eine Lied vielleicht, das »Universum« heißt (»uni« bedeutet »eins« und »versum« steht für Lied), wir hören die Melodie des Kosmos. Wenn wir den Körper als Ganzes nehmen, sitzt das Herz in unserer Mitte. Dorthin zeigen Kinder, wenn sie sich selbst meinen. Suchen wir den Schwerpunkt der körperlichen Kraft und Balance, finden wir die Mitte im Bauch, im Hara-Zentrum, eine Handbreit unter dem Nabel. Nehmen wir unseren Verstand als Ausgangspunkt allen Tuns, liegt die Mitte im Kopf. Mitte ist danach etwas Relatives. Aber das Gefühl, die eigene Mitte gefunden zu haben, ist immer gleich gut. Mandalas sind ein wunderbares Symbol dafür. »Mandala«

bedeutet »Kreis« und jeder Kreis hat seinen Mittelpunkt, so wie das Gänseblümchen, die Rose oder ein Schneekristall.

Wenn Sie die obige Vorlage ausmalen oder einfach einen Punkt auf ein Blatt Papier setzen und um diesen herum ein Muster erfinden, wird diese Mitte erfahrbar. Immer wieder habe ich erlebt, wie Menschen friedlich und still wurden, wenn sie sich malend mit einer Mitte beschäftigten.

Die Mitte ist heilsam. Ich finde zu ihr, indem ich still werde. Vielleicht denken Sie bei Meditation an Gurus oder Heilige. An Menschen, die stundenlang still sitzen und sich aus der Welt zurückziehen. »Das ist nichts für mich«, werden Sie sagen. »Das kann ich nicht. Alle zwei Stunden schreit mein

16

Kind. Ich muss kochen und Windeln wechseln, Schulaufga-
ben kontrollieren, spielen, malen, singen und turnen.« Meditation, so glauben Sie vielleicht, ist nichts für Mütter.
Heilige haben keine Familie. Und Familien sind heute alles
andere als heilig.
Möglicherweise fällt Ihnen jetzt auch Maria ein. Ich selber
war nie katholisch, und doch ist mir diese Figur ganz nah:
eine Frau, mit einem Kind auf dem Arm, ernst und fürsorg-
lich, selbstverständlich Frau, Mutter, Gebende und Nehmen-
de. Maria ist glaubwürdig. Sie weist auf die weibliche Seite
Gottes hin, auf das Natürliche und Alltägliche – »und sie
wickelte ihn in Windeln und legte ihn in eine Krippe«. Für
mich ist sie ein Symbol, sie zeigt mir, dass Muttersein vielleicht doch etwas Heiliges sein könnte, genauso, wie ich es
als heilig empfinde, wenn die Erde, unsere große Mutter,
nach dem viel zu langen Winter mit aller Macht grünes Leben
hervorbringt.
Maria hat Kraft und diese Kraft kommt aus ihrer Mitte.
Meditation ist der Weg dahin. Vielleicht ist Achtsamkeit ein
Wort, das einfacher zu verstehen ist. Achtsamkeit hat mit
Aufmerksamkeit und Gewahrsein zu tun, beides kann jedem
Menschen nützlich sein. Meditation ist der Prozess, in dem
wir lernen, unser Leben mit Achtsamkeit und Gewahrsein zu
füllen, ganz bei dem zu sein, was jetzt ist.
Manche bezeichnen Meditation als Gedankenkontrolle.
»Meditation, die Kunst der mentalen Selbstkontrolle, kann
dein Denken buchstäblich von Grund auf verändern. Deine
Gedanken können von unangenehmen tyrannischen Ner-
vensägen zu nützlichen und lebendigen Begleitern werden.«
(Harp/Feldmann 1993, S.15)
Das stimmt. Aber das ist nicht der Grund, warum ich Ihnen
Meditation vermitteln will. Für mich ist Meditation eine
Kraftquelle. Indem ich zu meiner Mitte finde, schließe ich
mich an eine Kraftquelle an, genauso, wie man eine ver-

brauchte Batterie aufladen kann. Jeder kann sich diese Energie holen, jeder kann an dieser Kraft teilhaben. »Seid euch selbst ein Licht«, soll Buddhas letzter Rat an seine Schüler gewesen sein ... Meditation ist der kostenlose Weg dahin.

Auch von wissenschaftlicher Seite ist inzwischen die Bedeutung der Meditation und ihre positive Wirkung auf unser Leben erwiesen. Die amerikanische Psychologin Patricia Carrington hat eine Doktorarbeit darüber verfasst, die in Deutschland unter dem Titel *Das große Buch der Meditation* bekannt wurde. Ihre umfangreichen Untersuchungen bestätigen, was praktizierende Laien längst wissen und erfahren haben: Meditation hat heilende Wirkung. Und zwar jede Art der Meditation!

Die Hamburger Psychotherapeuten Lutz Schwäbisch und Martin Siems bezeichnen in ihrem Buch *Selbstentfaltung durch Meditation* diese effektiver als jede Art der Psychotherapie, weil sie eine einfache Methode zur Bewusstseinsveränderung ist. In den von ihnen angeführten wissenschaftlichen Untersuchungen wird aufgezeigt, dass Meditierende einen Zuwachs an Intelligenz, Erinnerungsvermögen und der Fähigkeit zur Lösung arithmetischer Probleme haben. Sie sind geschickter, haben bessere Beziehungen zu Mitmenschen und einen normalen Blutdruck. Sie können sich besser kontrollieren, haben weniger Angst, schlafen besser und führen Arbeiten konzentrierter aus. Sie verwirklichen sich selbst, benötigen weniger Drogen wie z.b. Nikotin, Kaffee oder Alkohol und können sich besser in andere Menschen einfühlen. Diese Fähigkeiten zu erwerben, ist für uns Mütter ganz sicher nützlich und gut. Der erstaunlichste Aspekt am meditativen Erleben ist für mich jedoch das Finden unserer »inneren Weisheitsdose«, wie Virginia Satir das nennt (Satir 1995, S. 20). Das Entdecken eines Brunnens, aus dem wir Kraft und Weisheit schöpfen können und der überraschenderweise in uns selber ruht. Dieser Brunnen ist die Mitte.

Wenn das so ist, werden Sie jetzt vielleicht einwenden, warum meditieren dann nicht viel mehr Menschen? Meditative Praktiken existieren auf der ganzen Welt seit vielen Jahrtausenden. Es ist eine universale Fähigkeit des menschlichen zentralen Nervensystems, solche Seinszustände zu erreichen. Während Naturvölker bis heute vielfältige Methoden kennen, sich in andere Bewusstseinszustände zu versetzen, hatte sich die westliche Welt auf ein Minimum dieses Spektrums beschränkt und sich anderen Fähigkeiten zugewandt, die uns materiellen Wohlstand und eine Fülle amüsanter Ablenkungen wie das Fernsehen, den Computer o.ä. ermöglicht haben.

Im Leben brauchen wir beides. Das logische wache Denken und der daran geknüpfte Bewusstseinszustand ermöglichen uns ein Überleben auf diesem Planeten. Hierfür benötigen wir unsere Sinne, die uns helfen, Erfahrungen einzuordnen und zu filtern. Der an das logische wache Denken geknüpfte Bewusstseinszustand verhilft uns zu aktivem Handeln und zur Bewältigung des Alltags. Der meditative Bewusstseinszustand dagegen macht uns unabhängig von unserer biologischen Programmierung, er hebt die Filterfunktion des Nervensystems auf und lässt uns die Welt unabhängig von allen Konditionierungen neu und frisch erfahren. »Nur in der Stille kann die Wahrheit Früchte ansetzen und Wurzeln schlagen«, erkannte schon Antoine de Saint-Exupéry.

Der amerikanische Gehirnforscher und Psychologe Robert Ornstein vergleicht den Meditationsvorgang mit dem Verlöschen des Tageslichts, das uns in der Dunkelheit die feinen Lichtreize der Sterne am Himmel wahrnehmen lässt, die bei der großen Helligkeit des Tages nicht zu sehen sind. Zeit und Logik spielen hier keine Rolle. Es zählen Intuition, Gefühle und eine paradoxe Logik wie »Ich bin Eins mit dem Universum«.

Aus unseren oft verrückt erscheinenden Träumen ist uns dieser Zustand wohl bekannt. Er taugt wenig, um unseren Alltag zu regeln, Geld abzuheben oder Windeln zu kaufen. Der meditative Bewusstseinszustand hilft uns aber, zu erkennen, dass es weit mehr in unserem Leben gibt als Kochrezepte oder Blusen, die darauf warten, gebügelt zu werden. Beide Bewusstseinszustände haben ihre Berechtigung und sollten in unserem Leben Platz finden. Wir übersehen dabei aber oft, dass wir durch die einseitige Ausrichtung auf logisches Denken die Quelle unerschöpflicher kreativer Kräfte, unsere Gesundheit und unser Wohlbefinden außer Acht lassen.

Dies können wir ändern. Die Meditation kann in unser Leben so selbstverständlich wie die tägliche Dusche integriert werden.

Was Meditation so schwierig macht, ist bestimmt nicht die fehlende Zeit. Es ist vielmehr die Stille, die uns einerseits so viel Angst macht und andererseits fast nirgends mehr zu finden ist. Wir haben uns mit Radios und Staubsaugern umgeben, mit Waschmaschinen und Mixern, mit Rührstäben und Wäschetrocknern. Innerhalb und außerhalb unserer Wohnungen herrscht ein Höllenlärm.

Und wenn dieser verebbt, bekommen wir Angst vor dem, was in uns ist und was uns die Stille auch offenbaren kann: abgrundtiefe Leere, Wut, Hass, Verletzungen aller Art und jede Menge Traurigkeit. Meditation kostet nichts und verlangt nicht viel Zeit. Aber doch ein wenig Mut. Es ist der Mut, in den Spiegel zu schauen, der Mut, uns selbst zu erkennen und uns selbst zu verzeihen und so, wie wir sind, anzunehmen. Ist dies geschehen, wird aus Angst Gelassenheit, aus Leere Fülle, aus Wut Lust und aus Hass Liebe, die wir bedingungslos verschenken können. Und das ist zugleich das schönste Geschenk, das uns die Meditation macht: Sie schenkt uns ein Lächeln, das wir uns selber voller Mitgefühl zuwerfen. Uns selbst mit all unserer Unvollkommenheit lächeln wir zu!

Wer andere kennt, ist klug
wer sich kennt, ist weise
wer andere bezwingt, ist kraftvoll
wer sich selbst bezwingt, ist unbezwingbar
wer sich zu begnügen weiß, ist reich
wer sich durchsetzt, willensstark
wer sein Wesen nicht verliert, währt lang
wer dahingeht, ohne zu vergehen, lebt ewig
Lao-Tse

In die Mitte von Nirgendwo

Wege zur Meditation

Der Geist des Anfängers hat viele Möglichkeiten.
Der Geist des Kundigen hat wenige.
Buddhas kleines Weisungsbuch

Bevor ich auf die eher praktischen Seiten der Meditation
wie z.b. Zeit und Ort, Haltungen und Methoden ein-
gehe, möchte ich zunächst betonen, dass Meditation an keine
Religion gebunden ist. Die älteste uns bekannte meditative
Tradition kommt aus dem Hinduismus in Indien. Aus ihm
entwickelte Buddha, ein indischer Prinz, den Buddhismus,
der eher eine Philosophie als eine Religion ist. Ein Buddhist
verehrt keine bestimmten Götter, er verehrt alles in Allem
und den großen Fluss des ewigen Wandels. Der Buddhismus
hat sich in ganz Asien, also auch in China, Japan, Thailand,
Tibet, Vietnam usw., in verschiedenen Ausprägungen
weiterentwickelt. Meditation war für alle Völker dieser Län-
der eine Selbstverständlichkeit. Aber auch der Islam, das
Juden- und Christentum kennen meditative Praktiken, genauso wie alle Naturreligionen. So erklärt sich, dass es auf der
Welt unterschiedliche Meditationsschulen gibt oder unterschiedliche Methoden gelehrt werden. Keine Methode ist
besser als die andere. Sie sind lediglich anders gefärbt und
haben eine andere Herkunft.
Was ich Ihnen hier vermitteln kann, ist nur ein kleiner
Ausschnitt aus der großen Zahl der Meditationspraktiken in

aller Welt. Es handelt sich hierbei um das, was ich selber probiert habe. Ich möchte Sie ermuntern, so wie ich eines Tages einfach mit der Meditation anzufangen. Und zwar so: Setzen Sie sich an einen beliebigen Platz und seien Sie zwanzig Minuten lang ganz still. Das ist alles. So habe ich begonnen. Wir saßen zu mehreren im Kreis und taten nichts. Hinterher habe ich mich gewundert, dass die anderen so viel zu erzählen hatten. Ich selbst hatte nur »dumme« Gedanken und sah nur schwarz-rote Punkte. Ich benutze diese Technik bis heute: Ich schaue auf mein drittes Auge, auf den Punkt zwischen den Augenbrauen, in das Licht hinter den geschlossenen Augen. Das ist alles.

Zeit und Ort

Um zu erwachen, sitze ruhig da
und lass dir von jedem Atemzug den Geist klären
und das Herz öffnen
Buddhas kleines Weisungsbuch

Zum Meditieren braucht man weder eine Ausrüstung noch Geld, weder besondere Lehrer noch Tempel. Man braucht nur sich selbst. Das ist genauso einfach wie erschreckend. Denn kann etwas gut sein, das nichts kostet? Kann ich mir selber etwas beibringen, was ich noch gar nicht kenne? Ich möchte diese Fragen eindeutig mit ja beantworten.
In Meditationsbüchern wird immer wieder empfohlen, das Telefon abzustellen, sich einen ruhigen Platz zu suchen, die Zeit von zwanzig Minuten einzuhalten und Ähnliches. Das kann alles sehr nützlich sein – es ist nicht zwingend notwendig. Sie können das Telefon genauso gut klingeln lassen und

sich selbst sagen: Dieses Geräusch wird mich noch tiefer entspannen oder in die Mitte von Nirgendwo bringen. So, wie Sie sich routinemäßig jeden Abend die Zähne putzen, können Sie es auch mit der Meditation halten. Wenn man irgendeine Handlung immer zur gleichen Zeit macht, fällt es leichter, sie nicht zu vergessen. Viele von uns stellen morgens als erstes die Kaffeemaschine an. Wir könnten uns auch zwanzig Minuten hinsetzen und meditieren. In einem Buch über Yoga fand ich den Satz:»Meditation kann, ebenso wie Schlaf, nicht gelehrt werden: Zur rechten Zeit kommen beide von allein. Doch wenn Sie die richtigen Anfangsschritte befolgen, können Sie Ihren Fortschritt beträchtlich beschleunigen.« (Sivananda Yoga Zentrum 1985, S. 92) Obwohl ich nicht genau weiß, was»den Fortschritt beschleunigen« bedeuten soll, habe ich auch die Erfahrung gemacht, dass es sich lohnt, bestimmte Meditationstechniken auszuprobieren oder Hinweise, die erfahrene Meditierende geben, selber zu testen. Helfen sie mir, in einen Zustand zu gelangen, der mir gut tut oder tun sie es nicht? So ist es auch mit Zeit und Ort. Wenn Sie Ihren Tagesablauf betrachten, werden Sie feststellen, dass es»besondere Stunden« gibt. Es gibt zum Beispiel Phasen, in denen wir besonders müde, und andere, in denen wir relativ munter sind. Und es gibt vielleicht auch eine Tageszeit, in der Sie besonders empfänglich für Meditation sind. Sie werden das selbst herausfinden. Die Zeiten der Dämmerung sind für mich immer mit einem Zauber behaftet. Im Sommer fangen um diese Zeit viele Vögel zu singen an. Ich liebe diese Stunde über alles. Sie ist für mich der Beweis für das Wunderbare. Für Sie kann das ganz anders sein. Jeder Mensch hat eigene Empfindungen und Vorlieben. So ist es für manch einen wichtig, eine Art Altar zu haben, auf dem bestimmte liebgewordene Gegenstände oder Bilder liegen. Ein Tisch mit einer Rose, ein Bild von einem Engel, ein Stein, eine Muschel. Vielen Menschen hilft es, sich diese Gegenstände genau anzuschauen, bevor sie die Augen schließen oder mit geöffneten Augen durch die Dinge hindurchsehen. Weil ich selber mein akustisches Wahrnehmungssystem bevorzugt benutze, bedeuten mir diese optischen Hilfsmittel wenig. Auch Musik lenkt mich nur ab, weil ich sie ganz bewusst wahrnehme. Anderen hilft meditative Musik durchaus. Manche, die ihren Tastsinn als bevorzugtes Wahrnehmungssystem benutzen, benötigen vielleicht einen besonderen Teppich oder ein Kissen, die ihnen erleichtern, in eine meditative Stimmung zu kommen. Sie müssen etwas ganz Bestimmtes fühlen. Die jeweils bevorzugte Haltung kann auch als Brücke dienen: Kaum haben wir unsere Haltung eingenommen, meditieren wir schon.

Meditieren kann man jedoch in jeder Lebenslage, an jedem Ort und zu jeder Zeit. Es gibt jedoch zweifellos Orte und Zeiten, die besonders geeignet sind. Ich sitze z.B. gern in einer leeren Kirche oder unter einem bestimmten Baum in meinem Garten.

Wenn Sie bemerken, dass Sie Zeit und Ort ungünstig gewählt haben, probieren Sie es an einem anderen Ort zu einer anderen Zeit noch einmal. Viele Menschen, die es mit Meditation versucht haben, hören nach dem ersten oder zweiten Versuch auf. Sie haben keine besonderen Erlebnisse gehabt und sagen sich: »Was soll das Ganze? Ich merke nichts.« Es gibt aber auch nichts Besonderes zu bemerken oder zu beobachten. Nur uns selbst nehmen wir wahr: unseren Geist, wie er denkt, unsere Seele, wie sie fühlt, und unseren Körper, der schmerzt oder funktioniert und Empfindungen weiterleitet.

Vom Umgang mit Störungen

Natürlich empfiehlt es sich, für die Meditation eine möglichst »störungsfreie Zeit« zu wählen – aber wann hat man die schon? Ständig kann ein Kind schreien, der Briefträger klingeln, das Telefon läuten oder das Essen anbrennen. Gern würden wir Störungen von außen »ausmerzen«, aber je mehr wir uns darum bemühen, desto weniger schaffen wir es. Ich habe die Erfahrung gemacht, dass es viel mehr bringt, Störungen anzunehmen, statt sie zu bekämpfen. Irgendwo habe ich einmal gelesen, dass alles, was wir bekämpfen, ein Leben lang unser Feind bleibt. Das scheint mir sehr wahr. Ich mache die Störungen deshalb lieber zu meinen Freundinnen. Ich lerne von ihnen und mit ihnen. Man kann einem Kind ab einem bestimmten Alter erklären, dass man nicht gestört werden möchte. Wenn es dann aber die Treppe herunterfällt oder sich schneidet, müssen wir uns doch stören lassen. Wer häufiger gestört wird, wird die Erfahrung machen, dass es einem gelingt, immer schneller in die Meditation zu kommen, d.h. einen Bewusstseinszustand zu erreichen, der sich von dem normalen Wachbewusstsein unterscheidet. Außerdem kann man üben, sich nicht zu viel zu ärgern. Denn ist es das wirklich wert? Vielleicht hilft es Ihnen auch, noch gründlicher nach störungsfreien Zeiten zu suchen, die Sie bisher für andere Dinge genutzt haben, oder aber sich mit Ihrem Partner oder einer anderen Person darauf zu einigen, täglich eine oder mehrere Stunden für sich selbst zur Verfügung zu haben. So können Störungen auch helfen, Ihr Leben zu verändern oder sich in Geduld zu üben. Es gibt immer einen Weg, meistens sogar mehrere!

Im Prinzip kann man sowohl im Bad als auch neben einem spielenden Kind meditieren. Der indische Arzt und international bekannte Autor Deprak Chopra hat seinen Kindern im

Alter von vier Jahren beigebracht, wie man meditiert. Er hielt dies und das Auffinden ihrer Lebensaufgabe für wichtiger als gute Schulleistungen und einen gut bezahlten Job. Meditation hat ihnen geholfen, beides zu erreichen.

Wenn wir nach einem idealen, störungsfreien Ort suchen, werden wir ihn niemals finden: Es gibt ihn nicht. Wenn wir jedoch Störungen zu unseren Lehrmeistern machen, können wir viel von ihnen lernen.

Haltungen

Es gibt zweifellos Haltungen, die das Meditieren erleichtern. Andererseits kann man in jeder Haltung meditieren. Sie sollten lediglich darauf achten, dass der Rücken immer möglichst gerade ist und beide Beine bzw. Fußsohlen Kontakt zum Boden haben. Wenn der Lotussitz Voraussetzung für Meditation wäre, würde es bei uns wohl kaum Meditie-

rende geben. Der Legende nach erlangte Buddha die Erleuchtung, nachdem er vier Wochen lang ununterbrochen im Lotussitz meditiert hatte. In alten Yogaschriften wird betont, wie wichtig dieser Sitz ist, da er alle Krankheiten »vernichte«. Ich persönlich kann nicht im Lotussitz meditieren, obwohl ich seit vielen Jahren Yoga übe. Meine Kinder können ihn alle, obwohl sie keine Ahnung von Yoga haben. Der Lotus ist eine Pflanze, dessen Wurzeln im Schlamm eines Teiches Fuß fassen, während sich die wunderschöne, seerosenähnliche Blüte auf der Wasseroberfläche der Sonne entgegenstreckt. Völker, die den Lotus kennen, haben ihn zum Symbol der spirituellen Entwicklung des Menschen gemacht: Die Wurzeln im Schlamm versinnbildlichen unseren mühsamen Alltag im »Schlamm« des Lebens. Der aufsteigende Stil steht für die intuitive Suche nach dem Höheren und die Blüte symbolisiert die Selbstverwirklichung. Es gibt Vorübungen zum Lotussitz, die Sie unbedingt ausprobieren sollten (siehe »Ausgleichende Yoga-Übungen für jeden Tag«). Ein weiterer Vorteil am Lotussitz ist, dass unser Wurzelchakra direkten Kontakt zum Boden hat. So können wir die Energien aus dem Boden, der Erde, gut aufnehmen. Das kann jedoch auch im Liegen oder im Schneidersitz geschehen. Ich selber bevorzuge den Fersensitz mit einem Meditationskissen. Sie

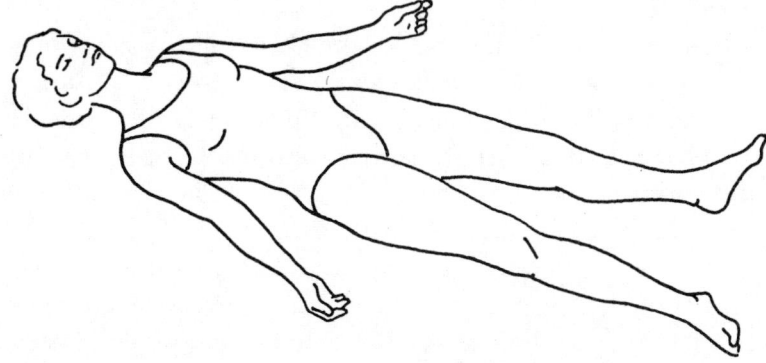

können aber auch ohne weiteres auf einem Stuhl meditieren oder sich hinlegen (siehe Abbildung S. 29). Für mich ist die Toten-Stellung am bequemsten. Sie tut auch meinen Krampfadern gut. Das einzige, was gegen sie sprechen könnte, ist die Gefahr, dabei einzuschlafen. Aber was soll daran schlimm sein? Es ist dann vielleicht keine Meditation, aber trotzdem nützlich! Untersuchungen haben ergeben, dass zweimal zwanzig Minuten Pause pro Tag unserer Gesundheit sehr förderlich sind. Solche Pausen können auch aus Schlaf bestehen.

Wenn du meditierst, dann sitze mit der Würde einer Königin da; wenn du dich durch deinen Tag bewegst, dann bleibe in dieser Würde zentriert.
Buddhas kleines Weisungsbuch

Mit Würde zu sitzen, erscheint mir sehr sinnvoll. Unsere Zeit ist von Würdelosigkeit geprägt und es wäre schön, diese verlorene Würde in uns wieder zu entdecken. Ich glaube, dass es sehr viel damit zu tun hat, das Göttliche oder die Göttin in uns selbst zu finden. In Würde zu sitzen, bedeutet, aufrecht und nicht steif zu sitzen. Wenn wir uns an unsere Würde erinnern, richten wir uns von selbst auf. Der Kopf strebt nach oben, der Rücken wird gerade und wir bleiben dennoch locker.
Ich finde es spannend, verschiedene Haltungen auszuprobieren und dabei Unterschiedliches zu assoziieren. So erinnert die sitzende Haltung vielleicht an einen Berg, die liegende an einen See. Beide Bilder können unseren Geist beruhigen und unsere Gedanken von der Hektik des Alltags in die Stille eines Gebirges oder Sees lenken.
Interessant ist auch die Haltung der Hände. Es macht einen Unterschied, ob wir sie nach oben oder unten öffnen, ob wir die rechte in die linke legen und sich die Daumen berühren

oder ob wir jeweils aus Daumen und Zeigefinger einen Kreis bilden. Finden Sie selbst heraus, welche Haltung Ihnen passend erscheint und Ihnen weiterhilft. Ich bin selber immer wieder überrascht, wie stark wir mit Körperhaltungen unsere Gefühle und Stimmungen beeinflussen können. Alle, die gern tanzen, wissen das. Und alle Religionen haben auch bestimmte Gebetshaltungen überliefert, die den Kontakt mit dem Göttlichen erleichtern sollen. Aber auch wenn Sie nicht an etwas Göttliches glauben, können Sie erfahren, dass Haltungen uns Halt geben und Bewegungen uns bewegen. Wenn wir unsere Meditationshaltung gefunden haben, bringen wir Körper, Geist und Seele in Einklang. Wir erfahren darüber hinaus, dass wir mehr sind als ein isoliertes, einsames Wesen auf dieser Erde. Wir können erleben, dass wir eins sind mit allem.

Methoden

Es gibt sehr viele unterschiedliche Methoden der Meditation. Keine ist richtiger oder besser als die andere. Und es empfiehlt sich, Verschiedenes auszuprobieren.

Zunächst genügt es, eine Haltung einzunehmen, still zu sein und zu beobachten, was geschieht: Ganz sicher werden Ihnen eine Menge Gedanken durch den Kopf gehen. Diese Gedanken zu beobachten, ohne sie zu bewerten, ist schon recht spannend. Bei mir ziehen gewöhnlich all die Dinge vor meinem inneren Auge vorbei, die ich noch zu erledigen habe: »Du musst die Wäsche aufhängen. Du hast vergessen, X anzurufen. Was soll es heute zu Mittag geben?« Es ist wirklich alles andere als erleuchtend, was ich da so denke, aber es lohnt sich, weiter zu beobachten und dann gezielt auf die Pausen zwischen den Gedanken zu achten. Schon die Aufgabe, meine eigenen Gedanken nicht zu bewerten, ist sehr schwierig. Denn natürlich würde ich gern etwas Sinnvolles oder Erhabenes denken. Stattdessen kommt mir dann das Katzenklo in den Sinn, das mein Sohn wieder nicht geleert hat! Solche oder ähnliche Gedanken lassen Sie am besten wie eine Karawane am Horizont vorbeiziehen, ohne sie zu bewerten. Eine andere Methode besteht darin, die Gedanken zu zählen. Das ist recht spannend, aber auch anstrengend. Manche haben fünf Gedanken in einer Minute, andere fünfzig oder mehr!

Man hat auch die Möglichkeit, sich auf bestimmte Worte oder kleine Sätze zu beziehen und immer wieder zu ihnen zurückzukehren, wenn Gedanken auftauchen. Solche Worte können »Frieden«, »ich bin«, »Ruhe« oder auch Ihr eigener Vorname sein.

Die zuletzt genannte Methode, die sogenannte Mantra-Meditation, kommt ursprünglich aus Tibet und soll die Konzentration stärken. Gleichzeitig lösen die Silben – gedacht oder gesprochen – im Körper bestimmte Schwingungen aus, sie wirken demnach durch Vibration. Genau wie Haltungen uns ganzheitlich beeinflussen, verändern auch Vokale oder Töne unseren inneren Zustand. Ein »i« fühlt sich anders an als ein »u« oder »a«. So löst das tibetische Mantra »Om Ah Hum« Wellen im Körper aus, die alle Organe und Muskeln beeinflussen. Es wird auch angenommen, dass durch die mentale Wiederholung eines Mantras Gehirnwellen synchronisiert werden und die sogenannten Alpha-Wellen, die den Entspannungszustand kennzeichnen, verstärkt werden. Außerdem wirkt sich dieses Mantra auch auf die Atmung aus: Wenn wir beim Einatmen »Om« denken, beim Ausatmen »Ah« und am Ende des Ausatmens »Hum«, erfahren wir eine natürlich verlängerte Ausatmung, die dann auch zu einem vertieften Einatmen führt. Ein solcher Atemrhythmus hat eine positive Wirkung auf unseren Körper und unsere Seele. Aus dem asiatischen Raum kommende Lehrer, die im Westen Meditation lehren, wollen bemerkt haben, dass wir die Luft gierig einatmen und nicht vollständig ausatmen. Könnte das mit der verbreiteten Lebensauffassung zu tun haben, möglichst viel besitzen und nichts hergeben zu wollen?

Das Mantra »Om Ah Hum« wirkt auch, ohne dass wir seine Bedeutung kennen. Ich möchte sie aber dennoch kurz erläutern: »Om« ist das allumfassende Sein, das Absolute und All-Eine, es ist reine Energie. »Ah« ist die materielle Welt mit ihren Formen, Relationen und allem Einzigartigen und Individuellen. »Hum« vereinigt beides, es ist das Absolute im Relativen, das Sein in der Materie und in der Form oder das Göttliche in uns.

Ich halte die Mantra-Meditation für sehr wirksam, geradezu gewaltig.

Die Yogis benutzten sehr viele Mantras aus der alten indischen Sprache, dem Sanskrit. Im Altindischen heißt z.B. Ah-nam »Namenlos« und Ra-man ist der Name eines Gottes. Patricia Carrington weist darauf hin, dass jedes Mantra für die Meditation geeignet ist. Es muss nur für den Meditierenden gut klingen und bei ihm Wohlbefinden auslösen.

Sehr ähnlich verhält es sich beim Tönen. Dabei spüren Sie in sich hinein, welcher Vokal sich in Ihnen bilden will. Sie singen ihn dann beim Ausatmen. So z.B. »Iiiiiiiiiiiiiiii«. Sie können bei diesem Vokal bleiben oder andere hinzufügen, ganz wie Ihnen zumute ist.

Die Vokale können auch den einzelnen Chakren zugeordnet werden (vgl. Abbildung S. 14). Das »I« dem Kronenchakra, das »E« dem dritten Auge, das »A« dem Herzchakra, das »O« dem Sonnengeflecht und das »U« dem Wurzelchakra. Lassen Sie die Töne einfach aus sich herausströmen!

Diese Übung ist besonders schön in einer Gruppe. Hier sind schräge Töne durchaus erlaubt. Es ist ein wohltuendes Erlebnis zu beobachten, wie sich der Klang verändert und wie er geradezu schwebt.

Wer gern auf innere Bilder schaut, kann sich eine schöne Landschaft zum Vorbild der Ruhe nehmen. Eine Wiese, einen klaren See, einen Berg – was immer Sie mögen und womit Sie sich wohl fühlen. Auch das Gesicht Ihres zufrieden schlafenden Kindes kann zu einem inneren Bild werden oder das »Engelslächeln«, das Neugeborene haben.

Als langweilig empfinde ich die Methoden, bei denen gezählt wird. Vielleicht geht es Ihnen aber ganz anders. Sie können Atemzüge zählen oder Gedanken, die Ihnen durch den Kopf gehen.

Sehr beruhigend kann wirken, sich nur auf den Atem zu konzentrieren und immer wieder zu ihm zurückzukehren. Wo fühlen wir ihn beim Einatmen in der Nase? Wie und wo beim Ausatmen? Wohin lenken wir den Atem? Sie können sich aber auch einfach in den Atem hineinfühlen und bewundern, wie er ganz von selbst kommt und geht. Bei alledem müssen Sie nichts beschleunigen und nichts erzwingen.

Eine weitere Methode besteht darin, sich Sätze zu sagen: Zuerst drei Sätze über das, was man sieht, dann drei Sätze über das, was man hört, und drei Sätze über das, was man fühlt. Also z.B.: Ich sehe das Fenster, ich sehe den Ast, ich sehe die Wolke. Ich höre den Vogel, ich höre das Flugzeug, ich höre mein Ausatmen. Ich fühle meine Oberschenkel auf dem Stuhl, ich fühle meinen Rücken an der Lehne, ich fühle meine Füße auf dem Boden ... Es folgen dann zwei Sätze jeder Art und zuletzt je einer über das, was man sieht, hört und fühlt. Danach ist Stille.

Probieren Sie es einfach aus. Finden Sie Ihre eigenen Methoden. Vor allem aber: Bewerten Sie nichts. Lassen Sie einfach geschehen, was geschieht.

Meditation in der Schwangerschaft

Ich bin der Auffassung, dass die Schwangerschaft gute Voraussetzungen dafür bietet, mit der Meditation zu beginnen. Wenn Sie schwanger sind, sollten Sie sich Zeit für sich selbst nehmen, Sie sollten zur Ruhe kommen und die eigene Gelassenheit entdecken. Auch für die Zwiesprache mit Ihrem Ungeborenen, das ja mit Ihrem eigenen »inneren Kind« verwandt ist, benötigen Sie stille Stunden.

Für die neun Monate der Schwangerschaft eignet sich das Hatha-Yoga ganz besonders. Dabei handelt es sich um bestimmte Körperübungen, die die Meditation unterstützen und den Körper entlasten. Mit Hatha-Yoga werden Sie auf sinnvolle Weise die neun Monate ohne allzu große Anspannung und körperliche Beschwerden genießen.

Folgende Haltungen können Sie erproben, hierbei sollte aber immer das persönliche Wohlbefinden im Vordergrund stehen.

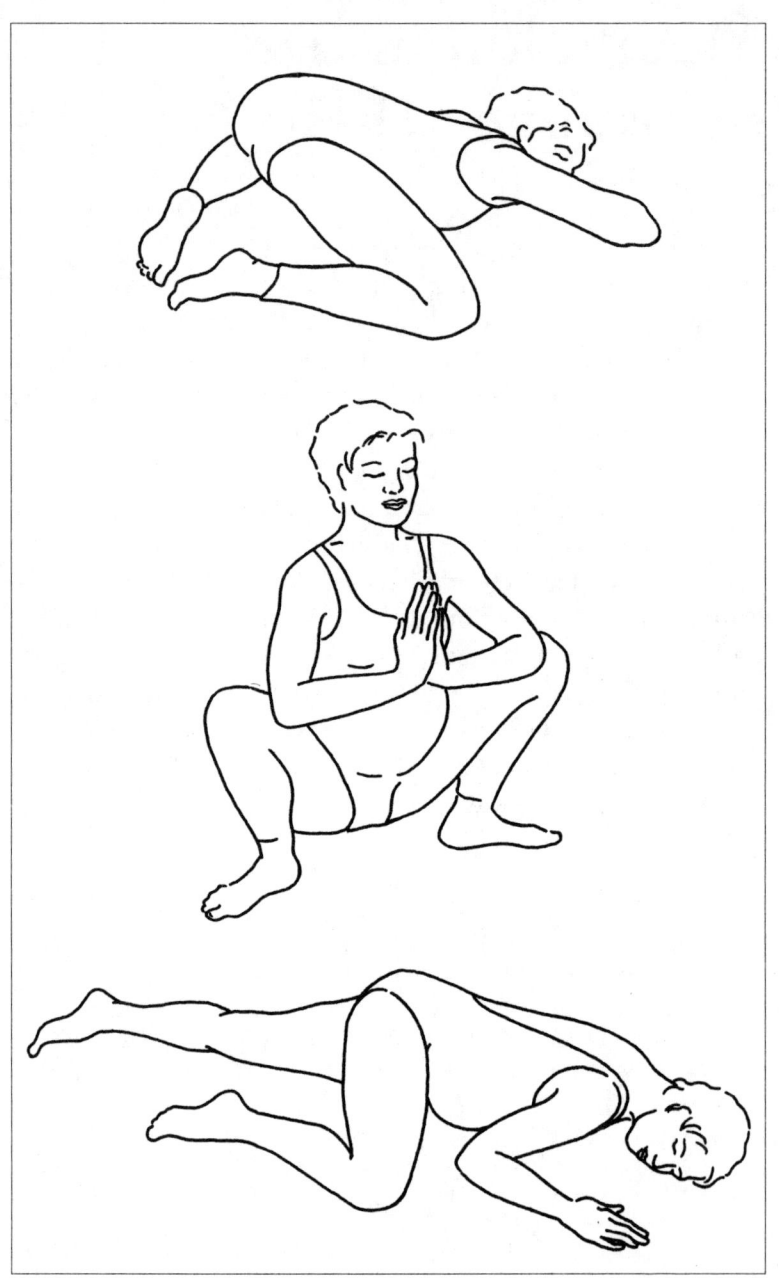

Wählen Sie die Haltung aus, die Sie ohne Beschwerden für zwanzig bis dreißig Minuten einnehmen können. In der Schwangerschaft ist jede Art der Meditation sinnvoll. Besonders angenehm kann z.b. die Meditation »Eine Farbe, die dir gut tut« sein.

Jedoch wird sich auch jede andere Meditation, bei der Sie nichts weiter tun, als auf Ihren Atem zu achten, als nützlich erweisen, denn es hilft Ihnen, sich zu entspannen und gelassen zu werden. Auf den Atem zu achten, den wir mit den Wellen des Meeres vergleichen können, ist eine wunderbare Hilfe, um uns in der Schwangerschaft und bei der Geburt zu entspannen. Und natürlich auch in jeder anderen Situation. Sie können sich mit Ihrem Atem anfreunden wie mit Ihrer besten Freundin. Und Sie können in jeder Situation üben, Ihren Atem wertzuschätzen und zu achten, ihn als eine Hilfe zu betrachten und in ihm jene Lebenskraft zu sehen, die uns ein Leben lang trägt. Dem wird im Indischen auch auf wörtlicher Ebene Rechnung getragen, denn Atem heißt dort »Prana«: »Prana« bedeutet »Lebenskraft«.

Im Folgenden führe ich einige besondere Techniken oder Methoden an, die Ihnen vielleicht gefallen.

Prinzipiell sollten Sie gerade in dieser Zeit nur tun, was wirklich gut für Sie ist. Und was das genau sein wird, entscheiden Sie allein.

Visualisieren

Unter Visualisieren verstehe ich die einmalige Fähigkeit unseres Gehirns, vor unserm inneren Auge Bilder entstehen zu lassen. Wenn ich das Wort »Säugling« zu Ihnen sage, sehen Sie ein bestimmtes inneres Bild, ganz von selbst.

Das hat nicht unbedingt etwas mit Meditation zu tun. Wenn wir jedoch in einem sehr entspannten, meditativen Zustand visualisieren, können wir besonders kreative Bilder entwickeln und diese Bilder können uns in vielen alltäglichen Situationen helfen. Wenn Sie sich z.b. einer unangenehmen Untersuchung unterziehen müssen, ist es sinnvoll, während dieser Zeit am Strand spazieren zu gehen oder das Baby auf dem Arm zu wiegen oder es anzulächeln – im Geiste. Die Methode des Visualisierens ist nicht neu und jeder wendet sie im Alltag mehr oder weniger bewusst an. Wenn wir z.b. Hunger haben, stellen wir uns ein Stück Kuchen oder ein leckeres Brot vor und schon läuft uns das Wasser im Munde zusammen. Setzt man diese Methode bewusst ein, kann man die eigene Energie in eine bestimmte, gewünschte Richtung lenken und auf diese Weise große oder kleine Wunder erleben. Weil ich selber erstaunliche Erfahrungen mit Visualisierungen gemacht habe, kann ich diese schöpferische Methode jedem nur empfehlen. Große Weise behaupten sogar, dass wir auf diese Art all unsere Wünsche erfüllen können.

Am besten Sie probieren es selber aus. Ganz sicher ist, dass Sie durch Visualisieren schon jetzt eine liebevolle Beziehung zu Ihrem ungeborenen Kind herstellen können und dass diese positiven Energien für das Baby spürbar und heilsam sind.

Alle positiven Gedanken, die Sie mit inneren Bildern verbinden, sind eine Form von Energie, die Schöpferkraft hat. Wenn ich im Folgenden einige Beispiele anführe, dann nur, um Ihnen Anregungen für eigene Bilder zu geben.

Ich empfehle Ihnen, meine kleinen Texte einmal durchzulesen, zu prüfen, ob Sie sich darauf einlassen wollen, und die Übung dann aus dem Gedächtnis mit Ihren eigenen Worten und Bildern nachzuvollziehen.

Mein Kind

Setzen oder legen Sie sich bequem hin und fangen Sie allmählich an, auf Ihren eigenen Atem zu achten. Lassen Sie mit jedem Ausatmen ein bisschen mehr von den alltäglichen Gedanken und Sorgen los. Früher oder später können Sie die Augen schließen und sich vorstellen, Ihr Kind vor sich zu sehen. Vielleicht ist es nackt, vielleicht angezogen. Sie berühren es zärtlich und lächeln ihm zu. Es lächelt zurück.

Möglicherweise haben Sie Lust, mit ihm zu spielen oder ihm etwas vorzusingen (ab dem fünften Schwangerschaftsmonat oder sogar schon früher wird es diese Töne wahrnehmen). Stellen Sie sich vor, wie Sie es im Arm schaukeln und ihm all die Liebe schenken, die es braucht, um gesund und glücklich heranzuwachsen. Wenn Sie diesen Zustand genug ausgekostet haben, vertiefen Sie Ihren Atem, fangen an, Hände und Füße zu bewegen, sich zu recken und zu strecken, und kehren wieder in Ihren Raum zurück, erfrischt und wach.

Danke

Vielleicht glauben Sie auch wie ich, dass Schwangerschaft ein Geschenk ist, für das man sich bedanken sollte. Nehmen Sie in einem entspannten Zustand Kontakt zu

Ihrem Kind auf und bedanken Sie sich bei ihm, dass es zu Ihnen und auf unsere Welt gekommen ist. Bitten Sie es um Verständnis für Sie selbst und für alles, was Sie tun werden, ohne es zu wollen. Versprechen Sie Ihrem Kind, ihm alle seine »Fehler«, die Teil seines Lebens sein werden und ohne die es nichts dazulernte, schon jetzt zu verzeihen. Sprechen Sie ihm Ihre Achtung aus und bitten Sie es, auch Ihnen mit Achtung zu begegnen.

Du und ich

Setzen oder legen Sie sich bequem hin und beginnen Sie, auf Ihren Atem zu achten, darauf, wie er ganz von allein kommt und geht. Erlauben Sie sich selbst mit jedem Ausatmen ein bisschen mehr Entspannung und nehmen Sie Kontakt zu Ihrem ungeborenen Kind auf, so wie es Ihnen angemessen erscheint. Fragen Sie Ihr Kind, ob Sie ihm eine Frage stellen dürfen, und lassen Sie sich überraschen, ob Sie ein Ja oder ein Nein als Antwort erhalten. Wenn Sie dürfen und wollen, fragen Sie Ihr Kind, warum es Sie als Mutter und seinen Vater als Vater ausgesucht hat. »Warum bist du zu uns gekommen?«
Lassen Sie sich überraschen, ob Sie eine Antwort in Form eines Gedankens, eines Bildes oder eines Symbols erhalten. Nehmen Sie dieses Symbol, diesen Gedanken oder dieses Bild mit zurück in Ihre Realität und werden Sie wieder wach, indem Sie Hände und Füße bewegen und sich recken und strecken.

Wie unverständlich die Antwort für Sie auch sein mag –
schreiben oder malen Sie sie auf. Vielleicht werden Sie später
verstehen, was es bedeuten könnte. Wenn Sie gar keine
Antwort erhalten haben, ist dies auch gut. Denn schon die
Vorstellung, dass Kinder sich vor ihrer Geburt ihre Eltern
aussuchen, ist für mich so schön, dass ich gern in Gedanken
und Bildern auf diese Frage zurückkomme, auch wenn ich
keine Antwort erhalte.
Wir müssen den Sinn nicht verstehen, auch wenn alles einen
Sinn hat. Anders ausgedrückt:

Zufall ist unser Wort für die Tatsache,
dass wir das große Ganze nicht sehen können.
Sabetti

Eine Farbe, die dir gut tut

Setzen oder legen Sie sich entspannt hin und beginnen
Sie allmählich auf Ihren Atem zu achten. Stellen Sie sich
vor, dass Sie mit jedem Einatmen Licht in einer Farbe Ihrer
Wahl in sich aufnehmen und mit jedem Ausatmen dieses
Licht über Ihren Scheitel wieder ausatmen, so dass sie früher
oder später ganz eingehüllt werden in dieses Licht Ihrer
Wahl. Stellen Sie sich vor, dass auch Ihr ungeborenes Kind
an diesem Licht teilhat und diese Farbe genießt. Wenn
Ihnen diese Übung gefällt, können Sie verschiedene Farben
ausprobieren oder abwarten, welche ganz von selbst zu
Ihnen kommen. Lassen Sie sich von diesem angenehmen
Licht verwöhnen und kommen Sie dann zurück in den
Raum, erfrischt und wach.

41

Die Geburt

Wenn der Geburtstermin bevorsteht, können Sie sich die Geburt in allen Einzelheiten und Details vorstellen. Vergegenwärtigen Sie sich noch einmal alle beteiligten Organe und den Geburtsvorgang: vom Öffnen des Gebärmuttermundes bis zum Austritt des Köpfchens. Stellen Sie sich vor, wie Ihnen Ihr Atem hilft, entspannt und gelassen zu bleiben, und wie Sie und Ihr Kind gemeinsam die Situation meistern. Beenden Sie die Visualisierung mit dem Bild, dass Ihr nacktes Neugeborenes auf Ihrem Bauch liegt und Sie es zärtlich halten und betrachten. Auch Spitzensportler bedienen sich der Visualisierung, um im Geiste für alle entscheidenden Wettkämpfe zu trainieren. Tun Sie es auch?

Wenn das Kind verkehrt herum liegt

Viele Babys drehen sich erst wenige Tage oder sogar Stunden vor der Geburt in die richtige Lage. Es gibt verschiedene natürliche Methoden, ein Kind zum Drehen zu bewegen, die Sie mit Ihrer Hebamme besprechen sollten. Was Sie auf jeden Fall tun können, ist, in den Tagen vor der Geburt mit Ihrem Kind im Geiste zu reden und es zu bitten, sich zu drehen. Wenn Sie diese Gespräche mit der Visualisierung verbinden, kann das den Vorgang erleichtern und Ihnen beiden helfen, ruhig und gelassen die Geburt abzuwarten.

Ganz entspannt mit Kind und Kegel

Gehmeditation

Sei beim Gehen, Essen und Reisen jeweils ganz zugegen.
Andernfalls wirst du das meiste von deinem Leben versäumen.
Buddhas kleines Weisungsbuch

Ein in der Meditation erfahrener Mensch wurde einmal gefragt, wie er trotz seiner vielen Beschäftigungen immer so gesammelt sein könne. Er sagte:»Es ist ganz einfach: Wenn ich gehe, dann gehe ich. Wenn ich esse, dann esse ich, wenn ich sitze, dann sitze ich, wenn ich rede, dann rede ich.« Da riefen die Fragenden:»Aber das tun wir doch auch!« Er antwortete ihnen:»Nein. Wenn ihr sitzt, dann steht ihr schon. Wenn ihr steht, dann lauft ihr schon. Wenn ihr lauft, dann seid ihr schon am Ziel ...«
Um dieses Verhaltensmuster zu durchbrechen, sollten wir versuchen, uns auf all das, was wir gerade tun, ganz einzulassen. Die folgende Meditation ist ein Versuch in diese Richtung. Ich habe sie vor Jahren in einem Buch von Jon Kabat Zinn entdeckt und sie hat mich sofort begeistert. Er schreibt:
»Als meine Kinder noch klein waren, hatte ich eine ganze Menge erzwungener Gehmeditationen zu absolvieren – spät in der Nacht, den Sprössling auf den Schultern. Auf und ab, auf und ab, die Flure entlang. Und da es sowieso sein musste, nutzte ich die Gelegenheit zur Meditation ... Natürlich war mein Geist oft alles andere als erbaut darüber, mitten in der Nacht aktiv sein zu müssen; er mochte es gar nicht, um seinen

Schlaf geprellt zu werden, und wünschte sich sehnlichst zurück ins Bett.

Alle Eltern kennen diese Situation, zumal, wenn ein Kind krank ist. Tatsache war nun mal, dass ich wach sein musste, und so beschloss ich, gleich richtig wach zu sein – mit anderen Worten, aus dem bloßen Aufundabgehen eine echte Achtsamkeitsmeditation zu machen. Oft hatte ich geglaubt, Stunden so durch die Nacht zu marschieren; indem ich das Ganze nun als bewusste Übung betrachtete und praktizierte, fiel es mir viel leichter ... Wenn ein Elternteil meditiert, kann das sehr beruhigend und tröstend sein für ein Kind, das spürt, wie Liebe und Zuspruch von einem Körper zum anderen fließen.« (Kabat Zinn 1994, S. 119)

Die Gehmeditation eignet sich aber nicht nur zur Beruhigung von Säuglingen. Sie hat sich meiner Erfahrung nach auch für Menschen als sehr nützlich erwiesen, die Probleme mit dem Stillsitzen haben. Sie ist aber auch für all jene nützlich, die im Alltag mehr Achtsamkeit üben wollen.

Wie der Name schon sagt, lenkt man bei der Gehmeditation alle Achtsamkeit und alle damit verbundenen Empfindungen auf das Gehen. Das mag sich zunächst einfach anhören, ist aber dennoch schwierig, weil unsere Gedanken wie eine Horde Affen ständig davonrasen und sich mit anderen Dingen beschäftigen. Ziel der Gehmeditation ist jedoch, ganz beim Gehen zu bleiben und sich auf alle Empfindungen zu konzentrieren, die das Gehen im Körper hervorruft.

Suchen Sie sich für die Meditation einen möglichst leeren Raum oder eine Fläche im Freien. Wenn möglich, ziehen Sie Schuhe und Strümpfe aus. Beginnen Sie damit, bewusst wahrzunehmen, wie ein Fuß Kontakt zum Boden aufnimmt, wie er ihn berührt, wie Sie das Bein belasten und das Gewicht verlagern und wie Sie dann das andere Bein anheben, vom Boden lösen und ebenfalls aufsetzen. Wenn Ihre Gedanken hiervon abgelenkt werden, holen Sie sie einfach zurück, ohne das Abweichen zu bewerten. Wenn Ihnen das hilft, können Sie die Aufmerksamkeit auch auf einen festen Punkt im Raum richten.

Eine andere Möglichkeit besteht darin, die Aufmerksamkeit auf Ihren Atem zu richten oder darauf, wie sich Ihr Körper durch den Raum bewegt. Wenn Sie einige Erfahrungen mit dieser Meditation gemacht haben, können Sie Ihren Atemrhythmus und die Bewegung Ihres Körpers auch gleichzeitig bewusst erleben ...

Wie oft gehen wir ohne jede Achtsamkeit durchs Leben. Dabei ist es ein Wunder, dass unsere Fußsohlen unseren Körper tragen und ihn im Gleichgewicht halten können! Wenn Sie Kleinkinder beim ersten Aufrichten und Laufen-lernen beobachten, können Sie Hochachtung vor dem haben, was auch Sie vor vielen Jahren mühsam erwarben: den aufrechten Gang.

Sie sollten während der Gehmeditation kein bestimmtes Ziel verfolgen, sondern einfach auf und ab oder im Kreis herum gehen. Gehen Sie mit achtsamer Aufmerksamkeit, Schritt für Schritt. Schreiten Sie aufrecht, in entspannter, würdevoller Gangart. So beruhigen sich die Gedanken nach und nach. Wie schnell oder langsam Sie dabei gehen, bestimmen Sie selbst.

Wenn Sie geübter sind, können Sie die Gehmeditation schließlich überall anwenden, wann immer Sie zu Fuß unterwegs sind. Auch mit dem Kinderwagen.

Auf diese schlichte, einfache Art, können Sie achtsam durchs Leben schreiten, im Einklang mit Körper, Geist und Seele.

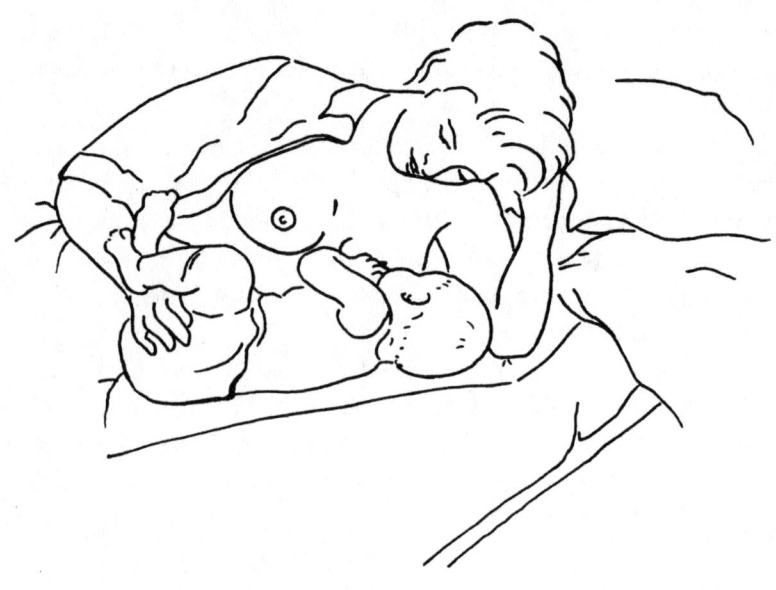

Stillen

Im Stillen liegt Stille. Das Baby wird still, wenn es die Brust bekommt, die Mutter wird still, wenn sie dem Kind Achtsamkeit schenkt und seine Zufriedenheit beobachten kann.

Nach Untersuchungen des amerikanischen National Institute of Mental Health ist Stillen nicht nur für das Baby die beste Art der Ernährung, sondern auch für die Mutter äußerst gesund: Es stärkt die körpereigene Stressbremse und das Immunsystem.

Obwohl es zweifellos auch Situationen gibt, in denen Stillen zum Stress wird – z.B. wenn die Brüste wehtun oder das Kind Koliken hat und schreit –, so sind dies doch immer vorübergehende Ausnahmen. Die von der Natur vorgesehene Art der Ernährung ist doch in den meisten Fällen die beste. Man könnte das Stillen auch als eine Meditation der Liebe bezeichnen. Mutter und Kind sehen sich in die Augen. Gelingt es, in dem Du das Ich zu erkennen, den gemeinsamen göttlichen Ursprung, die tiefe Verbindung? Erkennen wir die uralte Weisheit in den Augen unseres Kindes? Den Spiegel, den es uns vorhält?

Wenn es uns gelingt, im Kind wie in uns selbst jene göttliche Kraft zu entdecken, die Liebe ist, den Energiefluss allen Lebens, dann kann alle Angst von uns weichen.

Wir können alle Sorgen loslassen und in jene Kräfte vertrauen, die aus einem unsichtbar kleinen Punkt jenes menschliche Wesen wachsen ließen, das jetzt in unseren Armen liegt.

Vielleicht fällt Ihnen eine solche Sichtweise gar nicht so leicht? Vielleicht spüren Sie Abneigung gegen jenes kleine »Monster«, das Sie »aussaugen« will? Hierfür müssen Sie sich nicht verurteilen. Nehmen Sie sich selbst liebevoll in den Arm und sagen Sie sich:»Ich darf alle Gefühle haben, die ich habe. Es ist in Ordnung. Ich darf so sein, wie ich bin. Mein Kind wird mir verzeihen.«

Alle Dinge, die wir bekämpfen, bleiben mir feindlich gesonnen. Wenn wir ihnen aber freundschaftlich begegnen und sie annehmen, können sie uns liebevoll begleiten. Erlauben Sie sich Ihre negativen Gefühle und schauen Sie sie an. Nehmen Sie Ihre Gefühle genauso an wie das Kind in Ihren Armen. Entwickeln Sie Mitgefühl mit sich selbst. Wenden Sie Ihre Aufmerksamkeit all dem zu, was in Ihnen ist. Achten Sie auf alle körperlichen Empfindungen und nehmen Sie diese bewusst wahr. Alle Gefühle und Gedanken, alle Erwartungen und Geräusche – beobachten Sie aufmerksam alles und bewerten Sie nichts.

Achten Sie auf Ihren Atem, achten Sie darauf, wie er ganz von allein kommt und geht. Spüren Sie die Bewegung des Atems im Körper, das Heben und Senken von Brust und Bauch. Akzeptieren Sie es, wenn Ihnen Gedanken kommen, und kehren Sie wieder zu Ihrem Atem zurück. Lassen Sie Ihr Herz weich sein, indem Sie alles loslassen, was Sie gerade beschäftigt.

Und wenn Sie wollen, können Sie sich nun die folgenden Sätze sagen:

Möge ich von liebevoller Freundlichkeit erfüllt sein.
Möge es mir gut gehen.
Möge ich mich wohl fühlen.
Möge ich voll Frieden sein.

Beim Vorsprechen dieser Sätze können Sie sich vorstellen, ein kleines Kind zu sein, Sie sehen sich selbst als ein Kind im Alter Ihres eigenen Kindes. Wiederholen Sie die Sätze und finden Sie heraus, welche am besten zu Ihnen passen. Welche langweilen Sie, welche machen Sie wütend? Bleiben Sie geduldig und freundlich bei sich selbst, welche Gefühle sich in Ihnen auch regen mögen.

Wenn Sie spüren, dass sich das Gefühl liebevoller Freundlichkeit in Ihnen ausdehnt, können Sie Ihr Kind in die Meditation einbeziehen, indem Sie die folgenden Sätze nun zu Ihrem Kind sprechen – oder denken:

Mögest Du von liebevoller Freundlichkeit erfüllt sein.
Möge es Dir gut gehen.
Mögest Du Dich voll Frieden fühlen.

Auf den folgenden Seiten möchte ich Ihnen einige Meditationen vorstellen, die Ihnen als Anregung dienen können, im Alltag mehr Achtsamkeit zu üben. Sie können selbst bestimmen, wie lang oder kurz diese Meditationen sein sollen, und dabei natürlich viele neue und eigene Formen der Meditation entdecken.

Augen-Blick

Schauen Sie Ihrem Kind in die Augen.
Sehen Sie sich selbst darin und das Kind, das Sie einst waren.
Sehen Sie Ihrem gemeinsamen göttlichen Ursprung in die Augen.
Sehen Sie alles Verbindende und alles Trennende.
Seien Sie offen für alles, was Ihnen die Augen Ihres Kindes sagen.

Abwasch-Meditation

Ich hätte nie gewagt, Ihnen eine Abwasch-Meditation zu empfehlen, wenn ich sie nicht bei dem großen buddhistischen Lehrer Thich Nhat Hanh gefunden hätte. Er schreibt in seinem Buch *Lächle deinem eigenen Her-*

49

zen zu »Spüle das Geschirr entspannt ab, als sei jede Schale Gegenstand deiner Betrachtung. Betrachte jeden Teller als heilig. Folge deinem Atem, damit dein Geist nicht abschweift. Versuche nicht, dich zu beeilen, um die Arbeit hinter dich zu bringen. Betrachte den Abwasch als das Wichtigste auf der Welt. Abwaschen ist Meditation. Wenn du nicht achtsam abwaschen kannst, kannst du auch nicht achtsam meditieren, wenn du still sitzt.« (Thich Nhat Hanh 1996). In diesem Buch finden Sie auch Anleitungen für eine Hausputz-Meditation und vieles andere mehr.

Jahreszeiten

Heute – im Zeitalter des Autos und der Klimaanlage – können wir die Jahreszeiten leicht aus den Augen verlieren. Mir ist z.B. aufgefallen, dass Menschen, die viel Auto fahren, kaum Winterkleidung besitzen. Es ist zwar bequem, im geheizten Auto zu fahren oder im Sommer in einem Büro mit Klimaanlage nicht zu schwitzen, aber wir schneiden uns damit auch immer mehr von der Natur und unseren Wurzeln, unserer Mutter Erde, ab.

In Waldorfkindergärten ist es Sitte, Jahreszeitentische einzurichten. Das gefällt mir sehr gut. Ein Ort, an dem man sich auf das besinnt, was die Natur uns schenkt, hilft uns, der Achtung und Liebe zu unserer natürlichen Umgebung Ausdruck zu verleihen. Kleine Kinder lieben die Natur und sind ihr noch ganz verbunden. Ein Schneckenhaus ist für sie ein Schatz, ebenso eine Blüte oder ein Stein. Unsere Kinder lehren uns, achtsam durch die Natur zu gehen und ihre Kostbarkeiten und Wunder wahrzunehmen. Aus ihrem Reichtum dürfen wir mit zu uns nach Hause nehmen, was uns besonders anspricht und was uns besondere Achtsamkeit abverlangt. 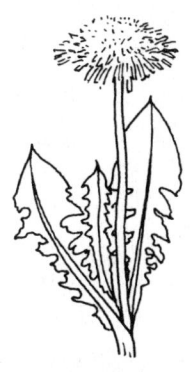Der Ort, an dem Sie diese Gaben aufbewahren, kann zu Ihrem Meditationsplatz werden und auch Kinder zum Besinnen anregen: das erste Schneeglöckchen nach dem langen Winter, ein Stück Borke, eine Buchecker vom letzten Herbst, Hagebutten, die einst Rosen waren ... Ein mit solchen Gaben geschmückter Ort kann Dankbarkeit aufkommen lassen und täglich an Achtsamkeit erinnern. Es ist ein Ort, an dem man Liebe spüren und geben kann.

Die vier Elemente

Wasser und Erde, Feuer und Luft erhalten uns am Leben. Alle vier Elemente brauchen wir.
Welchem von Ihnen fühlen Sie sich besonders nahe, welchem stehen Sie eher gleichgültig gegenüber oder vor welchem haben Sie Angst? Zu welchem Element fühlen Sie sich hingezogen, welches stößt Sie ab? Nehmen Sie Kontakt zu den vier Elementen auf, indem Sie ihnen Achtung und Aufmerksamkeit schenken. Am besten gelingt Ihnen das in der Natur. Aber wenn Sie kein Feuer im Freien anzünden können, genügt auch eine Kerze. Und wenn kein Bach in

der Nähe ist, können Sie dem Wasser auch in Ihrer Wohnung »begegnen«. Für die Meditation brauchen wir keinen besonderen Ort. Sie kann überall stattfinden.

Zuerst werden Sie Erfahrungen mit den Elementen machen wollen, die Ihnen nahe stehen. Später mögen Sie sich vielleicht gerade mit dem beschäftigen, das Ihnen fremd ist. Sie können sich z.b. an einen See setzen und aufs Wasser schauen. Sie können das Wasser auch bewusst auf Ihrer Haut spüren oder den Regen zu Ihrem Freund machen. Sie können eins werden mit dem Meer oder einer Quelle oder im Geiste in einen Brunnen eintauchen.

Sammeln Sie solche oder ähnliche Erfahrungen mit allen Elementen. Auch die Mind-Mapping-Technik, die ich in dem Kapitel »Heilende Bilder« noch näher beschreiben werde, eignet sich hierfür gut. Genauso alle anderen kreativen Techniken wie Aquarellmalen, Töpfern, Nähen, Sticken, Weben usw. Übrigens alles Arbeiten, die Frauen seit Jahrtausenden betrieben haben und die, wie ich finde, ungeheuer gut tun.

Haben Sie sich schon einmal gefragt, ob und, wenn ja, wo Sie die einzelnen Elemente in Ihrem Körper spüren? Ist dieses Gefühl an jedem Tag gleich? Wo spüren Sie die Elemente in Ihrer Wohnung oder Ihrem Haus, wo begegnen Sie ihnen im Garten oder Park?

Und welchen Zugang hat Ihr Kind zu den vier Elementen? Meine Tochter z.B. hat einen recht feurigen Charakter, fürchtet sich selbst aber vor Feuer. Ihre Brüder, die sich dem Element Wasser ganz nah fühlen, lieben es sehr, große Feuer zu entfachen.

Finden Sie Ihren ganz persönlichen Weg, den vier Elementen zu begegnen, sie zu achten und zu würdigen.

Bitte um Schutz und Führung

Der Mensch lebt und besteht
nur eine kleine Zeit,
und alle Welt vergehet
mit ihrer Herrlichkeit.
Es ist nur einer ewig
und an allen Enden,
und wir in seinen Händen.
Matthias Claudius

Die folgende Haltung habe ich von meiner Yogalehrerin Iris Biallas gelernt. Für die *Bitte um Schutz und Führung* setzen Sie sich im Schneider- oder Lotussitz hin. Ihre rechte Hand liegt auf dem Herzen. Die linke ruht mit nach oben geöffneter Handfläche auf dem Knie oder Oberschenkel des linken Beines.

Beeindruckend fand ich die Selbstverständlichkeit, mit der meine noch sehr junge Yogalehrerin diese Haltung an uns weitergab. Als wäre es das Alltäglichste von der Welt, um Schutz und Führung zu bitten. Aber was brauchen wir im Alltag mehr?

Immerhin setzt die Bitte voraus, an eine Instanz zu glauben, die uns beides gewährt. Aber auch Ungläubige können diese Haltung ausprobieren. Sie setzt auch ohne Glauben etwas in Gang.

Versuchen Sie es, indem Sie für ungefähr zwanzig Minuten in dieser Haltung verharren.

Wenn Sie weniger Zeit aufwenden wollen, können Sie auch einfach den Morgen mit dem Gedanken an diese Bitte um Schutz und Führung beginnen. Jeder Gedanke ist Energie, die freigesetzt wird und etwas bewegt.

Meditation der vier Herzensaspekte

1. Mitgefühl und Dualität

> *Unsere Leiden und Wunden werden nur geheilt,*
> *wenn wir sie voller Mitgefühl berühren.*
> Buddhas kleines Weisungsbuch

Diese Meditation habe ich von Claudia Wandel-Ramm gelernt. Sie gehört für mich zu den bedeutendsten Meditationen, die ich kenne. Die einzelnen Schritte sind mit Haltungen verbunden, die ich als sehr wirksam erfuhr. Zur Durchführung empfehle ich den gesamten Text einmal durchzulesen, sich die Haltungen einzuprägen und dann zu beginnen. Auch hier zählen wieder Ihre eigenen Erfahrungen.

In der Welt gibt es unendlich viel Leid. Alles Gute und Schöne hat seine Schattenseiten. In der unten dargestellten Haltung (siehe Abb.) schauen wir auf alles Leid, auf unser eigenes und auf fremdes und nehmen es als gegebene Realität an. Wir akzeptieren die Tatsache, dass alles vergänglich ist. Mitgefühl kann entstehen, wenn Sie zulassen, dass Ihr Herz vom Schmerz berührt wird. Mit jedem Atemzug lassen wir Mitgefühl für alle leidende Kreatur und für uns selbst durch unseren Körper strömen. Sie können dabei folgende Sätze denken:

Mögest du frei von Schmerz und Kummer sein.

Mögest du in Frieden leben.

Möge ich frei von Schmerz und Kummer sein.

Möge ich in Frieden leben usw.

Es kann auch hilfreich sein, bei jedem Einatmen »Ahh« zu denken – für alles Staunen über die Schönheit der Welt –, und bei jedem Ausatmen »Ohhh« – in der Gewissheit, dass alles Schöne vergeht. Zeigen Sie Mitgefühl für alles, auch für Ihre vermeintlichen Fehler und Schwächen und beurteilen

oder verurteilen Sie nichts. Spüren Sie die Freundlichkeit Ihres Herzens, nehmen Sie Ihren Atem wahr, und stellen Sie sich vor, dass Sie mit jedem Atemzug den Schmerz berühren und Mitgefühl ausatmen können. Wünschen Sie mit jedem Atemzug allen Lebewesen Gutes und schenken Sie Ihnen Ihr fürsorgliches, mitfühlendes Herz. Bleiben Sie still sitzen und lassen Sie Ihr Herz als Zentrum des Mitgefühls inmitten dieser Welt ausruhen.

2. Stille und Einheit

Lass deinen Geist still und klar werden, wie ein Teich im Walde.
Buddhas kleines Weisungsbuch

Gedanken und Gefühle wühlen uns oft auf wie ein Sturm das Meer. Wenn wir alles, was uns bewegt, loslassen, kann Stille einkehren. Die Wasseroberfläche wird spiegelglatt, das Wasser klar. Wir können uns zufrieden und eins mit der Welt fühlen – wenigstens für einen kurzen Augenblick. Stille kehrt ein, wenn wir den Alltag loslassen, uns von allen Sorgen befreien und eins werden mit allem, was ist.

Immer wieder tauchen Gedanken auf. Sie quälen uns. Lassen Sie sie kommen und gehen wie eine Karawane, die am Horizont vorbeizieht. Beginnen Sie, auf die Pausen zwischen den Gedanken zu achten, und spüren Sie, wie die Pausen sich ausdehnen können.

3. Zu dir nach Hause kommen

An manchen Tagen kommen wir uns wie in der Fremde vor.
Wenn unser Herz sich öffnet, werden wir einsehen,
dass wir genau hierher gehören.
Buddhas kleines Weisungsbuch

Nehmen Sie sich selbst so an, wie Sie sind. Genau so sind Sie in Ordnung. Akzeptieren Sie alles, was nicht perfekt an Ihnen ist. Wir sind auf der Welt, um Fehler zu machen. Umarmen Sie das innere Kind, das ein Teil von Ihnen ist. Es ist liebenswert und in Ordnung, genau wie Sie selbst. Immer wieder wurde uns beigebracht, dass wir anders sein sollen: besser, perfekter, liebevoller, zuverlässiger, verantwortungs-bewusster. Wir alle sind auf der Welt, um wir selbst zu werden.

Und das fängt damit an, uns selbst mit allen Gefühlen und Regungen so anzunehmen, wie wir sind. Wir haben ein Recht auf unsere Gefühle, die weder falsch noch richtig sind. Es gibt sie und sie haben das Recht, da zu sein. Der Versuch, sie zu bewerten, führt nur dazu, dass wir Teile von uns unterdrücken, z.b. wenn wir wütend sind. Sich selbst anzunehmen heißt deshalb noch nicht, dass wir immer das tun, was uns unser Gefühl eingibt. Wir haben immer die Möglichkeit, uns anders zu entscheiden. Wichtig ist jedoch, die eigenen Gefühle weder zu verleugnen noch zu ignorieren, denn damit schaden wir uns nur selbst. In der Meditation beobachten wir unsere Gefühle, ohne sie zu bewerten. Wir überwinden die Spaltung in gut und böse und akzeptieren uns so, wie wir sind.

4. Bedingungslose Liebe

Suche keine Vollkommenheit in einer sich wandelnden Welt.
Vervollkommne statt dessen deine Liebe.
Buddhas kleines Weisungsbuch

Bedingungslose Liebe ist alles, was wir und unsere Kinder brauchen. Das Kind in uns braucht sie genauso wie die erwachsene Frau, die wir heute sind. Unsere Partner brauchen sie und unsere Freunde auch.
Es gibt wohl nichts, wonach Menschen sich mehr sehnen. Wenn ich an die Menschen denke, die mit unterschiedlichsten Problemen in meine Praxis kommen, dann ist es meist diese bedingungslose Liebe, die sie nicht erleben und spüren und die hinter allen Problemen verborgen ist. Was macht es uns so schwer, uns dieser Liebe bewusst zu werden? Wahrscheinlich die Tatsache, dass die vordergründige Realität uns derart in den Bann zieht. Meditation ist der Weg, hinter die Kulissen zu schauen und zu erkennen, dass es weit mehr als das gibt, was wir vordergründig wahrnehmen.

Ich glaube an die bedingungslose Liebe und fühle mich täglich von ihr umgeben. Ich erfahre sie beim Blick aus dem Fenster in den Garten, ich erfahre sie in den Augen der Menschen und der Tiere. Natürlich werde auch ich manchmal wütend oder zornig. Das ist dann aber meine Wut oder mein Zorn. Sie haben nichts mit der Existenz der bedingungslosen Liebe zu tun.

Ich weiß, dass viele Menschen das anders empfinden, dass viele schlechte Erfahrungen gemacht haben und sich einsam, isoliert und im Stich gelassen fühlen. Sie spüren keinerlei Liebe. Und ich weiß auch, dass mir vieles leicht gemacht wurde und dass es andere viel schwerer haben.

Ich empfehle trotzdem jedem, auch diesen Teil der Meditation auszuführen und bedingungslose Liebe als Mantra zu benutzen. Sie können mit ihr einfach beobachten, was kommt und geschieht, ohne irgend etwas zu bewerten. Bedingungslose Liebe bewertet nicht. Sie ist einfach.

Lächle deinem eigenen Herzen zu

Ein Lächeln, das du aussendest,
kehrt tausendfach zurück
Chinesisches Sprichwort

Im Laufe eines Tages ertappe ich mich bei sogenannten Fehlern: Ich schlinge das Essen herunter, obwohl ich doch langsam und bewusst essen möchte. Ich gebe meiner Tochter eine dumme Antwort, weil ich ihr gar nicht richtig zugehört habe und mit den Gedanken woanders bin. Oder ich beobachte meine Gedanken und entdecke den Antreiber in mir, der endlose Sätze aneinanderreiht, die alle mit »Du musst noch ...« anfangen: »Du musst noch kochen. Du musst noch die Hühner füttern. Du musst noch in der Schule anrufen. Du musst noch ...« Früher habe ich diese Gedanken gar nicht bemerkt und mich einfach nur gestresst gefühlt. Und wenn ich sie bemerkt habe, fing ich an, mich dafür zu verurteilen, und sagte mir: »Denk doch nicht so einen Quatsch. Mach einfach eins nach dem anderen.« In letzter Zeit gelingt es mir öfter, in solchen Augenblicken eine kleine Meditationsübung durchzuführen, die »Lächle deinem eigenen Herzen zu« heißt und von Thich Nhat Hanh, einem bekannten buddhistischen Lehrer aus Vietnam, stammt. Wann immer ich etwas an mir beobachte, das ich loswerden möchte, lächle ich mir selber zu. Ich lächle tatsächlich, so wie man einem kleinen Kind zulächelt, wenn es beim Sonnenuntergang sagt: »Da hinten geht die Sonne in ihr großes Bett« oder »Guck mal, ein Krabberling«, wenn es einen Käfer entdeckt hat. Ich lächle mir und meinem eigenen Herzen zu, ich streichle mir im Geiste über den Kopf und sage mir mit Mitgefühl und Liebe: »Ach, das schon wieder.« Sie können sich das Lächeln auch als goldenes Licht vorstellen, das Ihr Herz erwärmt. Sie können dieses Licht auch über Ihren ganzen Körper ausdehnen, bis Sie ganz davon eingehüllt sind. Sätze wie »Möge ich von Freundlichkeit und Güte erfüllt sein. Möge ich glücklich sein« können dieses Bild begleiten. Wiederholen Sie sie, so lange Sie wollen.

Begegnung mit dem inneren Kind

Gerade wenn man selber Kinder hat, wird man häufig an die eigene Kindheit erinnert. Vieles von dem, was man als Kind erfahren musste, möchte man seinen eigenen Kindern ersparen. Man möchte es anders als die eigenen Eltern machen und wird dann wütend, wenn man entdeckt, dass man in vielerlei Hinsicht in ihre Fußstapfen tritt. Die Verhaltensmuster kommen einem dann schrecklich bekannt vor und man möchte es doch so gern ganz anders machen.

Die Begegnung mit dem eigenen inneren Kind und mit dem Kind, das Sie einmal waren, kann helfen, sich selber anzunehmen und sich selber all das zu geben, was man einst als Kind vermisst hat. Die meisten Menschen erhoffen, wenn sie erwachsen sind, von ihrem Partner genau das zu erhalten, was sie in ihrer Kindheit nicht bekommen haben: bedingungslose Liebe. Sie fühlen sich unvollständig und streben nach Ganzheit. »Meine bessere Hälfte« werden Partner ja auch oft genannt. Es ist jedoch ein gefährlicher Irrtum, dieses Ganzheitsgefühl durch die Verbindung mit einem anderen für sich selbst zu erhoffen oder es gar von dem anderen einzufordern. Auf diese Weise wird man ganz sicher enttäuscht. Wahre Liebe ist bedingungslos und nur wir selber können uns das an Liebe geben, was wir brauchen.

Wenn wir uns täglich, z.B. vor dem Einschlafen, mit unserem inneren Kind im Geiste treffen, mit ihm spielen, es zärtlich umarmen und all das mit ihm tun, wonach es sich sehnt, können wir unserem Partner und unseren eigenen Kindern liebevoller begegnen.

Wie oft schreit das innere Kind in uns »Gib mir Zeit! Gib mir Zuwendung! Gib mir Liebe!«, während wir mit unseren eigenen Kindern herumschreien oder sie wegschicken. Ist unser inneres Kind dagegen zufrieden, glücklich und still, fühlen wir uns gut und können Liebe, Zeit und Aufmerksamkeit anderen schenken.

Die acht Kennzeichen des richtigen Weges

In seinen Reden beschrieb Buddha den Weg zu Glück und Harmonie als einen »achtfachen Pfad«. Er meinte damit, dass Menschen sicher sein könnten, dass sie auf dem richtigen

Weg sind, wenn sie irgendeines der folgenden acht Kennzeichen als Wegweiser beachteten. Diese sind: *rechtes Verstehen; rechtes Streben; rechtes Handeln; rechte Rede; rechte Lebensführung; rechtes Bemühen; rechte Konzentration; rechte Achtsamkeit.*

Für die tägliche Meditation können Sie sich eines dieser acht Kennzeichen auswählen. Sie können zuerst meinen Text durchlesen und dann meditieren – oder umgekehrt.

Die Beachtung der acht Kennzeichen führt in jedem Fall zu einer positiven Veränderung des Alltäglichen. Die Reihenfolge ist dabei beliebig.

In anderen Religionen gibt es ähnliche Hinweise oder Gebote. Wenn ich mich hier auf die buddhistische Lehre beziehe, dann deshalb, weil sie keinerlei dogmatischen Anspruch erhebt und für jedermann anwendbar ist – unabhängig von der eigenen Religion. Ich bin der Meinung, dass es an der Zeit ist, damit aufzuhören, andere zu verurteilen und sie in Gut und Böse einzuteilen. Die Wegweiser zum »Pfad der Glückseligkeit« verändern dort, wo wir, wenn wir uns nach ihnen richten, tatsächlich Einfluss haben und Veränderungen herbeiführen können: in uns selbst.

Rechtes Verstehen

> *Gutmütige Geduld – sie ist erforderlich bei aufsässigen Kindern und deinem eigenen Geist.*
> Buddhas kleines Weisungsbuch

Wer auch nur ein bisschen Lebenserfahrung gesammelt hat, weiß, dass es kein Leben ohne Enttäuschung, Niederlagen und Traurigkeit gibt. Rechtes Verstehen bedeutet, des ständigen Wandels gewahr zu sein. Indem alles auf dieser Welt abstirbt, verwest oder seine Form aufgibt, entsteht Neues. »Vergänglich sind alle irdischen Dinge«, soll Buddhas letzter Satz gewesen sein. Und das bedeutet: Alles auf dieser Welt

ist im Wandel. Es ist merkwürdig, dass wir uns trotz dieses ewigen Gesetzes an die vergänglichen Dinge so klammern. Wahrzunehmen, dass hinter allem Vergänglichen das Unvergängliche, Ewige steht, fällt uns sehr schwer. Bei der Meditation über den Wandel können Sie sich im Loslassen üben.

Als Mütter haben wir den Wandel immer wieder erfahren: Zuerst hatten wir den Wunsch, ein Kind zu bekommen. Dann erschraken wir bei der Feststellung, schwanger zu sein. Wir freuten uns auf die Geburt und bekamen dann eine Depression im Wochenbett. Das unbändige Glück, ein Kind zu haben, verwandelte sich in Wut über den nächtlichen »Schrei-Terror«. Ich könnte diese Liste aus eigener Erfahrung beliebig fortsetzen. Sie erinnert mich an folgende Geschichte:

Sie handelt von einem Mann, der nichts besaß als ein Pferd und einen Sohn. Was für ein Glück! Aber das Pferd lief ihm davon. Was für ein Unglück! Der Sohn ging hinaus, es zu suchen. Was für ein Glück! Aber er konnte es nicht finden. Was für ein Unglück! Stattdessen fing er drei Wildpferde ein. Was für ein Glück! Als er sie einreiten wollte, stürzte er und brach sich den Arm. Was für ein Unglück! Da kamen die Soldaten des Königs und zogen alle Jungen in den Kriegsdienst ein. Nur den mit dem gebrochenen Arm konnten sie nicht gebrauchen. Was für ein Glück! ...

Wenn wir erkennen, dass das Leben ein ständiger Wandel ist, deuten wir diesen Wandel als ein großes Glück. Denn

Traurigkeit, Schmerz und Angst vergehen. Was uns bleibt, ist immer der Augen-Blick, das Hier und Jetzt. Und die Ewigkeit hinter aller Zeit auf Erden.

Rechtes Streben

> *Ein Augenblick der Geduld*
> *kann vor großem Unheil bewahren.*
> *Ein Augenblick der Ungeduld*
> *kann ein ganzes Leben zerstören.*

Rechtes Streben kann sich entwickeln, wenn wir begriffen haben, dass wir uns in jeder Sekunde neu entscheiden können. Wir haben immer die Wahl. Entscheidungsfreiheit ist das, was den Menschen von allen anderen Lebewesen unterscheidet. Und wir haben tagtäglich unendlich viele Gelegenheiten, uns darin zu üben.

Will ich auf eine Weise leben, die großzügig, liebevoll und furchtlos ist, kann ich mich darin üben, meine Gewohnheiten zu verändern. Ich entscheide mich dafür, niemanden und nichts zu hassen, nicht gierig zu sein und mich nicht täuschen zu lassen. Ich übe mich im Loslassen gewohnter Vorrechte und liebgewonnener Gewohnheiten. Ich kann z.B. meinem Kind zuhören oder mich von ihm abwenden. Ich kann ihm Zeit schenken oder es allein lassen. Ich kann es ausschimpfen oder ihm etwas erklären. Ich kann ihm drohen oder es anlächeln. Ich entscheide. Tag für Tag.

Meine Tochter und ich nehmen uns morgens oft vor, uns heute ganz bestimmt nicht »anzumeckern«. Wir schaffen es nie. Immer wieder gibt es einen kleinen Streit, der damit endet, dass meine Tochter enttäuscht sagt: »Siehst du, jetzt hast du mich schon wieder angemeckert.« Die meisten Menschen, die etwas tun, das sie eigentlich nicht tun wollen, beschimpfen sich dafür selbst. Seit ich mich darin übe, weder über andere noch über mich selbst zu urteilen, kann ich mit meinen Fehlentscheidungen gelassener umgehen. Und ich kann jeden Morgen ganz neu beginnen.

Rechtes Streben hat für mich ein mitfühlendes Lächeln bekommen:»Strebe an, was du dir vornimmst, aber habe Mitgefühl mit dir und verzeih dir deine Fehlentscheidungen.« Manche glauben jetzt vielleicht, diese nachsichtige Haltung führe zu schlechten Angewohnheiten und Nachlässigkeit. Ich habe die gegenteilige Erfahrung gemacht. Erst wenn wir anderen und uns selbst verzeihen, werden wir frei für die Entscheidung, die mit dem übereinstimmt, was wir denken und fühlen.

Wenn wir über rechtes Streben meditieren, können wir es durchaus wagen, uns an Verhaltensweisen heranzuwagen oder neue Dinge zu erproben, die wir bisher aus Furcht vor Zurückweisung, Ablehnung oder Gefahr nicht gewagt haben. Beginnen Sie stets mit dem Einfachsten. Und gestehen Sie sich das Recht zu,»Fehler« zu machen.

Rechtes Handeln

Aus allem, was wir tun, entstehen Konsequenzen. Alles ist von Bedeutung und es kommt darauf an, sorgfältig und überlegt zu handeln. Es gibt Handlungen, die nicht mehr rückgängig zu machen sind: Wenn ich ein Glas vor Wut auf den Boden werfe, lässt es sich nicht mehr reparieren. Wenn mir bei meinem Kind»die Hand ausrutscht«, kann ich es nicht ungeschehen machen. Jede Handlung kann aber verziehen werden, nachdem sie geschehen ist. Rechtes Handeln fordert uns dazu auf, uns nicht mit Handlungen, die wir schon bald bereuen, zu belasten und ihretwegen unglücklich zu werden. Rechtes Handeln bedeutet, sich in jedem Augenblick für sein Glück zu entscheiden. Ich glaube nicht an einen strafenden Gott und auch nicht an Strafen als Mittel, menschliches

Verhalten zu ändern. Wenn ich mein Verhalten geändert habe, dann stets aus Einsicht. Oder aus erfahrener Konsequenz, die zu Einsicht führte. Aber wie viele Fehler habe ich immer wieder gemacht! Ich gestehe anderen, insbesondere meinen Kindern, dieses Recht auch zu. Aber wie groß ist mein Glück, wenn ich das Gefühl habe, etwas richtig gemacht zu haben. Rechtes Handeln, in Übereinstimmung mit unseren Werten, führt uns dem Glück entgegen. Was haben Sie heute in Ihrem Sinn richtig und gut gemacht? Worüber können Sie sich freuen?

Rechte Rede

Ein gutes Wort ist wie drei Monate Wärme,
ein böses Wort wie sechs Monate Frost.
Sprichwort

Im Alltag gehen wir oft sehr unachtsam mit unseren Worten um. »Schrei nicht so!« schreien wir z.b. unser Kind an und ermuntern es dadurch gerade, es weiter zu tun.
Wenn Sie sich an Verletzungen erinnern, die Sie erlitten haben, werden Sie etwas feststellen, das auch ich beobachtet habe: Körperliche Verletzungen heilen viel schneller als solche, die man uns mit Worten zugefügt hat.
Rechte Rede bedeutet, im Alltag achtsam mit Worten umzugehen, damit man sich und andere nicht unglücklich macht. Ein Sprichwort sagt: »Nichts wird so oft überflüssigerweise geöffnet wie der Mund.« Es gab eine Zeit, in der propagiert wurde, alles »rauszulassen«. Hat es wirklich geholfen? Es mag vorübergehend erleichtern, sich Kränkungen, Wut und Ärger »an den Kopf zu werfen« – langfristig hilft es nicht. Bestenfalls haben wir ein Triumphgefühl, das bald fade schmeckt. Mit unserer Wut verändern wir niemanden, auch nicht uns selbst. »Aber ich kann doch nicht

alles in mich hineinfressen!« werden Sie jetzt vielleicht denken. Nein! Sicher nicht. Die eigenen Gefühle zu ignorieren wäre genauso fatal, wie wenn wir rein gefühlsmäßig handeln. Wie viele Mütter habe ich schon sagen hören: »Ich könnte ihn manchmal an die Wand klatschen!« Sie haben ihr Kind damit gemeint. Keine hat es getan. Zum Glück. Statt solche Gefühle zu versprachlichen, empfehle ich, dergleichen Worte zurückzuhalten, bis ein Weg gefunden ist, das Gefühl auf nützliche Weise für mich und andere in Worte zu fassen. Wenn Sie über Ihre eigenen Gefühle reden, verletzen Sie niemand anderen und werden Ihre Wut und Ihren Ärger trotzdem los. Sie können schreien: »Ich bin so wütend und fühle mich so allein gelassen mit dem ganzen Dreck hier!«, anstatt andere anzuklagen oder ihnen Vorwürfe zu machen. Sehr hilfreich ist auch die Frage: »Wie können wir das Problem lösen?« Darüber müssen dann die, über die Sie sich ärgern, nachdenken. Aber Sie haben niemanden verletzt oder beschimpft.

Eines der vielen unnützen Worte zwischen Müttern und Kindern ist: »Ich hab dir hundertmal gesagt ...« Lächeln Sie über sich selbst, wenn es Ihnen über die Lippen kommt. Humor ist eine wundervolle und sehr hilfreiche Art, Worte zu gebrauchen.

Es gibt Menschen, die gern und viel reden, und andere, die von Natur aus schweigsam sind. Das eine ist nicht besser als das andere. Wenn wir der Kostbarkeit gewählter Worte gewahr werden, erfahren wir die Wohltat des sorgsamen Umgangs mit ihnen. Eine passende Wortwahl, die mit dem übereinstimmt, was wir wollen, kann glücklich machen. An dieser Stelle möchte ich auch auf Klatsch und Tratsch hinweisen. Wenn ich mich in rechter Rede üben will, rede ich nicht in Abwesenheit über andere und urteile nicht über sie. Wenn Sie über die rechte Rede meditieren, werden Sie sich auch an Gespräche erinnern, die Sie in besonders guter

Erinnerung haben. Was genau hat die Qualität dieses Gesprächs ausgemacht?

Im Umgang mit Erwachsenen kann es hilfreich sein, eine Zeit lang ganz bewusst zu schweigen. Sie werden erleben, dass es eine ganz neue Erfahrung ist, in Liebe zu schweigen. Die meisten von uns kennen Schweigen nur infolge von Missverständnissen und Streitereien. Dabei kann liebevolles Schweigen Freundschaft und Liebe vertiefen. Und wie wäre es, wenn wir jedesmal, bevor wir etwas sagen, prüfen, ob es hilfreich und nützlich ist, indem wir uns zuvor eine Phase des Schweigens gönnen?

Es ist wichtig, die Wahrheit zu sagen, und es ist wichtig, sie auf hilfreiche Weise zu sagen. Dann kann der andere meine Beobachtung hören, ohne sich verletzt und gedemütigt zu fühlen.

Rechte Lebensführung

> *Jeden Morgen werden wir neu geboren.*
> *Auf unser heutiges Tun kommt es am meisten an.*
> Buddhas kleines Weisungsbuch

Es ist heute immer schwieriger herauszufinden, was eine »rechte Lebensführung« bedeuten kann. Könnte das gesunde Obst, das wir kaufen, nicht genmanipuliert oder bestrahlt sein? Könnte die Spende, die ich für einen guten Zweck gebe, nicht fehlgeleitet werden? Könnte ich in der guten Absicht, mein Kind zu baden, nicht Wasser verschwenden? Lebe ich nicht auf Kosten der Hungernden in der Dritten Welt?

Rechte Lebensführung soll den Weg zum Glück ebnen, sie soll Sie glücklich machen. Voraussetzung dafür ist die moralische Qualität unseres Tuns. »Moralisches« Handeln bedeutet hier, dass wir darauf stolz sein können. Es ist ein Handeln, mit dem wir niemandem schaden und das vielen nützt. Zum

Beispiel ein liebevoll gekochtes Essen oder eine Stunde verschenkter Zeit. Zum Beispiel ein gemeinsames Lachen oder aufrichtiges Mitgefühl.

Alles, was wir vollbracht haben, kann uns glücklich machen. Rechte Lebensführung heißt, die Dinge nach besten Kräften gut zu tun. Nicht mehr und nicht weniger.

Ich bin der Auffassung, dass es einige wenige Lebensregeln gibt, deren Einhaltung uns allen nützt. Diese Regeln sind unabhängig von den Geboten einzelner Religionen. Zu ihnen gehört für mich, nicht zu töten, nicht zu stehlen, achtsam mit Worten umzugehen, niemandem mit meinen Trieben zu schaden und keine Rauschmittel zu konsumieren, die meine Achtsamkeit beeinträchtigen. Ich kann von niemandem verlangen, diese Regeln zu beachten. Und jeder vermag sie auch anders auszulegen. Was bedeutet für Sie, »nicht zu töten«? Ich achte das Leben und möchte keiner Kreatur ein Leid antun – aber auch ich erschlage die Mücke, die mich sticht. In der Meditation können wir uns bemühen, den Lebewesen, die wir normalerweise ignorieren oder die wir nicht mögen, einmal besondere Beachtung zu schenken. Und es würde sich sicherlich auch schon manches verändern, wenn es mir gelänge, tagtäglich allen Lebewesen mit Achtsamkeit gegenüberzutreten. Nicht stehlen bedeutet für mich auch, mit materiellen Gütern sorgfältig umzugehen. Wie oft sind mir Dinge aus Unachtsamkeit verloren oder entzwei gegangen! Es lohnt sich daher, sich in der Meditation auf eigene Lebensregeln zu besinnen und sich am Tag mehrmals daran zu erinnern, was man sich vorgenommen hat. Wir dürfen Fehler machen. Aber es macht glücklich, achtsam zu sein.

Rechtes Bemühen

Niemand, außer uns selbst, kann uns inwendig beherrschen.
Sobald wir dies erkannt haben, werden wir frei.

Buddhas kleines Weisungsbuch

Auf dem Weg zum Glück gibt es zuträgliche und abträgliche Geisteshaltungen. Unter rechtem Bemühen verstand Buddha, Gefühle wie Freundlichkeit, Mitgefühl und Großzügigkeit anzustreben. Seiner Erfahrung nach breitet sich Glück aus, wenn wir Freundlichkeit und Mitgefühl anstreben. Ärger, Gier und Habsucht sind unserem Glück abträglich. Rechtes Bemühen bedeutet, die dem Glück zuträglichen Gefühle zum Wachsen zu bringen. Nichts ist schwerer als das! An manchen Tagen haben wir einfach schlechte Laune. Vielleicht sind wir schon morgens übermüdet oder mit Kopfschmerzen aufgewacht. Und der Tag nahm seinen Lauf: Ein Missgeschick folgte dem anderen. Solche Tage gibt es. Gewiss. Aber wie gehen wir damit um? Wenn Sie sich genau beobachten, werden Sie vermutlich feststellen, dass Sie sich selber beschimpfen und bestrafen. Ich sage mir dann Sätze wie:»Jetzt hast du schon wieder schlechte Laune! Der Tag ist gelaufen! Nichts bringst du zustande! So ein Mist!« Seit ich mir zur Aufgabe gemacht habe, meinen inneren Stimmen Beachtung zu schenken und ihnen mit Freundlichkeit und liebevoller Anteilnahme zu begegnen, kann ich meine inneren Zustände und die meiner Mitmenschen mit mehr Gelassenheit annehmen.»Jeder Augenblick des Geistes bedingt den nächsten«, soll Buddha gesagt haben. Gute Gedanken geben mir Kraft. Mit ihnen kann ich mich auch ohne Zopf aus meinem eigenen geistigen Sumpf herausziehen. Rechtes Bemühen heißt für mich, mir meiner geistigen Kräfte bewusst zu sein.

71

Rechte Konzentration

Achtest du auf jeden Augenblick,
dann erstreckt sich deine Achtsamkeit auf alle Zeit.
Buddhas kleines Weisungsbuch

Wenn wir unsere Aufmerksamkeit auf eine einzige Sache richten, werden Empfindungen von Wohlbehagen und Entspannung in uns ausgelöst. Wir fühlen uns im Gleichgewicht und eins mit dem Objekt unserer Konzentration. Musiker erleben dieses Gefühl, wenn sie sich ganz in ein Stück vertiefen, Handwerker, wenn sie ganz bei der Sache sind, Kinder, wenn sie in einem Spiel aufgehen ... Wissenschaftler haben diesen Zustand als »Flow« und als das eigentliche Glück bezeichnet. »Flow« bedeutet »fließen«, »im Fluss sein«. Es steht für jenen Zustand, von dem auch Buddha lehrte, dass er glücklich macht. Im Fluss sein bedeutet, ganz bei der Sache zu sein, an nichts festzuhalten, im Hier und Jetzt aufzugehen. Sie können diese Art Konzentration gut bei kleinen Kindern beobachten, die noch nicht von Terminen geplagt und von Eltern gehetzt werden: Sie können einen Deckel immer wieder auf- und zuschrauben, eine Garageneinfahrt immer wieder hinablaufen oder lange Zeit in einer Pfütze rühren, eins mit sich und dem, was sie tun. Konzentrationsübungen stärken den Geist und machen ihn weicher. Wenn wir, wie die meisten von uns, stets mehrere Dinge gleichzeitig tun wollen, werden wir unruhig und unzufrieden. Wie sollen sich Kinder in der Schule konzentrieren können, wenn sie lernen, dass man beim Fernsehen essen, beim Frühstück Zeitung lesen und beim Staubsaugen Radio hören kann? Wenn wir unserem Kind zuhören und gleichzeitig an unsere Kontoauszüge oder den gestrigen Abend denken, werden wir als Mutter ebenso unzufrieden sein wie unser Kind. Schenken wir dagegen einander unsere ungeteilte Aufmerksamkeit und

Achtsamkeit, wird sich Zufriedenheit ausbreiten, selbst dann, wenn es ein schwieriges Thema zu bereden gibt.

An rechter Konzentration fehlt es heute überall. Im Supermarkt werden wir mit Musik berieselt und mit Ansagen überschüttet, beim Autofahren hören wir Nachrichten, auf der Toilette lesen wir Zeitung. Kein Wunder, dass ErzieherInnen und LehrerInnen über den Konzentrationsmangel heutiger Kinder klagen. Sie vergessen allerdings, dass Kinder von Erwachsenen lernen und von ihrer Umwelt geprägt sind. »Es ist besser, ein Licht anzuzünden, als über die Dunkelheit zu klagen«, sagt ein chinesisches Sprichwort. Meditation ist dieses Licht.

Rechte Achtsamkeit

Wenn du das Göttliche erfahren willst: Spüre den Wind auf deinem Gesicht und die warme Sonne auf deiner Hand.

Buddhas kleines Weisungsbuch

Einer Legende nach wurde ein Mönch von einem Tiger an den Rand einer Klippe gejagt. Er springt von der Klippe und ergreift einen Busch, der über der Kante gewachsen war. Unter ihm droht der lange Fall in den sicheren Tod, über ihm lauert der Tiger. Auf dem Felsen vor ihm entdeckt er eine wilde Erdbeere. Er pflückt und isst sie. Er sagt: »Die Erdbeere ist köstlich.«

Wenn wir mehrere Kinder haben oder einen anstrengenden Beruf, gleichen wir oft diesem Mönch – nur dass wir die Erdbeere nicht entdecken. Manche Situationen sind hoffnungslos verzwickt. Achtsamkeit zu üben heißt, bewusst und gelassen wahrzunehmen, was hier und jetzt ist. Gab es nicht auch in Ihrem Leben Situationen, in denen das Essen anbrannte, die Windel überquoll, ein Kind an Ihnen zerrte und Sie gleichzeitig versuchen mussten, den Vermieter am Telefon zu beruhigen?

Achtsamkeit im Alltag zu üben, bedeutet, nichts zu verlangen und nichts zu bereuen, sondern einfach von Augenblick zu Augenblick wahrzunehmen. Das Jetzt ist die einzige Zeit, die wir haben. Sich in Achtsamkeit zu üben, heißt, sich in Freiheit zu üben, denn es gibt nichts, was mich im Augenblick des Hier und Jetzt einschränken kann.

74

Meditation als Lebenshilfe

Wie man seinen inneren Ratgeber befragt

Es gibt wohl keine Bevölkerungsgruppe, die so verunsichert ist und sich so schuldbeladen fühlt wie die der Mütter. Kaum haben wir ein Kind geboren, werden wir von allen Seiten mit Vorschlägen und Ermahnungen bombardiert. Wie oft glauben wir, alles falsch zu machen, oder wissen uns keinen Rat! Wer sich einige Zeit in der Meditation geübt hat, wird in der Befragung des »inneren Ratgebers« eine wertvolle Hilfe entdecken. Er kostet nichts und hat bei Tag und Nacht Sprechstunde. Er lässt sich auch befragen, wenn wir mit einem Kind im Bett liegen, das allein nicht einschlafen mag. Mir selber hat er die besten Ratschläge erteilt. Manche nennen diesen inneren Ratgeber auch das »höhere Selbst« oder die »Göttin in dir«. Ich bin der Überzeugung, dass jeder Mensch diesen »göttlichen Funken« in sich trägt. Es ist das, »was höher ist als alle Vernunft«, und nicht erklärbar. Wie können wir in Kontakt mit diesem höheren Selbst kommen? Zunächst versetzen Sie sich mit einer Methode Ihrer Wahl in einen tiefen Entspannungszustand. Sie können dann Ihre Frage direkt an Ihren inneren Ratgeber stellen und auf eine Antwort warten, die sich in Form eines »Geistesblitzes«, eines Gedankens, eines Bildes oder eines Symbols äußern wird. Wie immer die Antwort ausfällt, schenken Sie Ihr Beachtung, auch wenn Sie sie nicht verstehen. Wenn Sie das Gefühl haben, gar keine Antwort zu erhalten, wiederholen Sie den Vorgang ein anderes Mal.

Vielleicht möchten Sie Ihre Fragestellung auch mit einer Phantasiereise einleiten. Hierzu begeben Sie sich imaginativ an einen schönen Platz. Dieser kann real existieren oder von Ihnen erfunden werden. Es sollte ein Platz sein, an dem Sie sich wirklich wohl fühlen. Stellen Sie sich vor, dass Sie dort, aus der Ferne, eine weise Person auf sich zukommen sehen. Achten Sie auf die Farben ihrer Kleidung und ihr Gesicht. Begrüßen Sie einander freundlich und stellen Sie dann Ihre Frage.

Bei einer anderen sehr wirkungsvollen Phantasiereise kommen wir zu einer Zauberwiese. Zu Beginn der Reise stellen Sie sich eine schöne Sommerwiese vor. Sie schauen sich dort in aller Ruhe um und entdecken einen Pfad, dem Sie folgen wollen. Sie gelangen auf diesem Pfad in einen schönen Wald. Nehmen Sie alles wahr, was Sie dort sehen. Nach einer Weile treffen Sie auf einen kristallklaren See. Da es warm ist, bekommen Sie Lust zu baden. Voller Genuss schwimmen Sie in dem See und entdecken beim Tauchen eine Quelle. Sie tauchen durch sie hindurch und kommen auf eine Zauberwiese. Was sehen Sie dort? Wie riecht es da und wie fühlt es sich dort an? Während Sie so alles bewusst wahrnehmen, kommt aus der Ferne eine weise und freundliche Person auf Sie zu, der Sie jede Frage stellen können.

Alle Frauen, die diese oder ähnliche Methoden anwenden, haben mir berichtet, dass sie wertvolle Hinweise erhalten haben und sich immer sicherer fühlten. Mir selbst geht es auch so.
Oft überschütten uns gutmeinende Mitmenschen mit Ratschlägen, die einander widersprechen. Ich kann jedem nur empfehlen, sich diese Ratschläge anzuhören, ohne sie zu bewerten. Nehmen Sie sie einfach zur Kenntnis. Fragen Sie dann Ihren inneren Ratgeber und entscheiden Sie anschlie-

ßend selbst. Was für Sie oder Ihr Kind gut ist, können nur Sie selbst wissen: Sie kennen sich und Ihr Kind am besten. Sinnvoll ist auch, vor dem Einschlafen um einen Traum zu bitten, der Ihnen eine Antwort gibt. Wenn Sie diesen Traum nicht deuten können, sprechen Sie mit jemandem darüber, der Erfahrung damit hat. Die wahre Expertin für Ihre Träume sind jedoch Sie selbst. Tagträume und Träume sind der Schlüssel zu einer Weisheit, die wir heute wieder neu entdecken, die jedoch uralt ist. Alternative Bewusstseinszustände wurden von Anbeginn der Menschheit benutzt, um besser überleben zu können und Zugang zur Weisheit zu finden, eine Weisheit, die viele als Gott bezeichnen.

Ich glaube an dieses unbegrenzte, für alle zugängliche Potenzial. Gleichzeitig meine ich aber auch, dass es Fragen gibt, auf die wir keine Antwort erhalten, zumindest nicht sofort. Das können wir nur demütig akzeptieren. Für mich gehören Demut und die Gewissheit, dass es eine Quelle unerschöpflichen Reichtums gibt, zusammen.

Erkenntnis

Früher, da ich unerfahren
und bescheidner war als heute,
hatten meine Achtung
andre Leute.

Später traf ich auf der Weide
außer mir noch mehr're Kälber.
Und nun schätz ich, sozusagen,
erst mich selber.
Wilhelm Busch

Heilende Bilder

Der größte Schutz ist ein liebevolles Herz.
Indem du dich selbst beschützt, beschützt du andere.
Indem du andere beschützt, beschützt du dich selbst.
Buddhas kleines Weisungsbuch

Nicht nur bei Krankheiten, auch im täglichen Einerlei können Bilder uns helfen, Zugang zu innerer Weisheit und Kraft zu finden. Innehalten und still werden ist alles, was wir dafür tun müssen. Achten und beachten Sie Ihre Tagträume. Welche Bilder tauchen darin auf? Auch wenn uns der eine oder andere Traum vielleicht peinlich ist: Alle diese Bilder geben wichtige Hinweise auf das, was uns fehlt, wonach wir uns sehnen oder was wir beachten sollten. Wir tendieren oft dazu, innere Bilder abzutun, sie nicht ernst oder erst gar nicht zur Kenntnis zu nehmen. Eine Bekannte hatte folgenden Tagtraum: Sie lag im Garten in einer Hängematte mit einer schlafenden Katze auf dem Bauch. Sie war allein. Im Alltag würde sich meine Bekannte so etwas niemals gönnen: Sie ist mit Leib und Seele Mutter, hat weder Katze noch Hängematte und ist sehr um das Wohl ihres Kindes wie um das ihres Mannes besorgt. Das Bild zeigt ihre Sehnsucht nach Ruhe und Geborgenheit und offenbart ihren Wunsch nach einem Tier, den ihr Mann ihr nicht gewähren mag. Dieser Tagtraum macht sie darauf aufmerksam, sich Pausen zu gönnen, um auch einmal allein die Dinge zu tun, die ihr am Herzen liegen. Und das ist wichtig! Eine andere Frau träumte von zärtlichen Liebesspielen mit einem Popsänger. Sie mochte schon lange nicht mehr mit ihrem Mann schlafen und empfand ihre Ehe als lieblos. Sie hatte sich selber »sexuelle Probleme« angedichtet und erkannte jetzt plötzlich, wonach sie sich wirklich sehnte.

Wie wir mit unseren Sehnsüchten umgehen, ist eine andere Sache. Zunächst ist es wichtig, sie überhaupt zur Kenntnis zu nehmen, um dann später entscheiden zu können, ob und wie wir uns einen Wunschtraum erfüllen können.

Wenn wir uns schlapp und abgearbeitet fühlen, tut es gut, sich flach auf den Boden zu legen und ein inneres Bild aufsteigen zu lassen. Vielleicht sehen wir einen uralten Baum, vielleicht auch einen klaren Bergsee, einen Sandstrand oder einen Wasserfall. Es kann auch hilfreich sein, sich all das aufzuschreiben, was einem beim Kochen, Bügeln oder Putzen durch den Kopf geht, und daraus innere Bilder zu filtern, die uns unsere Sehnsüchte aufzeigen.

Oder Sie lesen ein Märchen – allein oder auch gemeinsam mit Ihren Kindern – und malen anschließend auf, was Sie am meisten berührt hat. Sich immer wieder mit diesen Bildern zu beschäftigen, mit einzelnen Figuren ein inneres Zwiegespräch zu beginnen oder die Bilder »im Herzen zu bewegen«, kann eine sehr heilsame Erfahrung sein.

Erinnern Sie sich noch an das Lieblingsmärchen Ihrer Kindheit?

Was geschieht, wenn Sie es heute noch einmal lesen? Im Märchen haben viele Worte eine symbolische Bedeutung, Märchen sind in Worte gefasste Bilder. Vielleicht macht es Ihnen Freude, sich in die Bedeutung einzelner Worte zu vertiefen. Woran denken Sie z.B. bei einem Brunnen? Nehmen Sie sich ein Wort heraus und meditieren Sie über dieses Wort. Was will es Ihnen sagen, welche Bilder löst es in Ihnen aus? Welche Gefühle sind daran geknüpft?

Bei der Mind-Mapping-Technik, bei der wir unseren Assoziationen nachgehen, können Sie auch das Wort in die Mitte auf ein großes Stück Papier schreiben und alles notieren, was Ihnen dazu einfällt. Bei mir sähe das so aus:

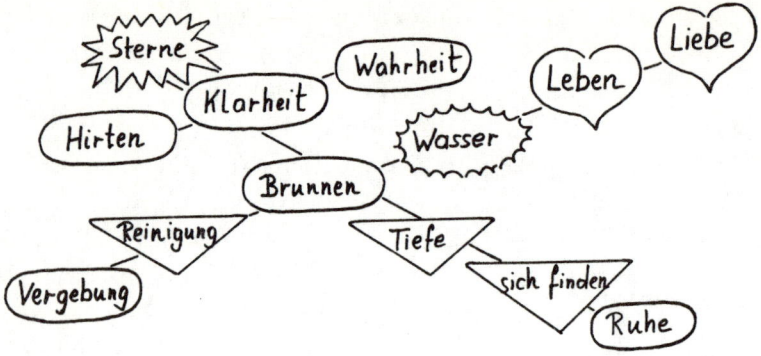

Aus diesen Worten bilden Sie anschließend einen Satz wie z.B.: »Wenn ich durch die Tiefe des Brunnens tauche, finde ich Klarheit.«

Sie können aber auch Ihren ureigenen Brunnen aufmalen und sich immer wieder damit beschäftigen.

Meine Freundin Ulrike hat mir eine besonders schöne Form für ihre Bilder gezeigt. Sie macht aus farbigem, festem Karton ein Tagebuch mit vielen bunten Seiten und klebt, malt oder tuscht immer das hinein, was sie am Tag bewegt hat. Hierzu bedient sie sich auch der Technik der Collage und verwendet verschiedene Materialien wie Federn, Glitzersterne usw. Auf diese Weise entsteht ein wunderschönes Buch.

Innere Bilder müssen aber nicht unbedingt auf materieller Basis festgehalten werden. Es genügt, ihnen einen Platz im Herzen einzuräumen und ihnen Bewegungsfreiheit zu geben ... Das ist nur möglich, wenn wir still werden und nach innen schauen.

Dass die Vögel der Sorge und des Kummers über deinem Haupt fliegen, kannst du nicht ändern. Aber dass sie Nester in deinem Haar bauen, kannst du verhindern.
Martin Luther

Vom Umgang mit Konflikten

Unser schlimmster persönlicher Feind kann uns nicht
so sehr schaden wie unsere unklugen Gedanken.
Keiner kann uns so sehr helfen wie unsere
eigenen mitfühlenden Gedanken.
Buddhas kleines Weisungsbuch

Im Alltag und in der Meditation werden wir immer wieder
mit Gefühlen wie Wut, Ärger und Zorn konfrontiert, die
aus unbewältigten Konflikten stammen. Manchmal nehmen
wir diese Gefühle, die auch in Form innerer Bilder, Stimmen
oder Gedanken auftreten können, gar nicht mehr wahr,
sondern fühlen uns nur »irgendwie schlecht«.
In der Meditation spürt man zuweilen dieses Innenleben
besonders deutlich. Vielleicht ist dies auch der Grund dafür,
warum sich viele Menschen davor fürchten, einmal zwanzig
Minuten lang nichts zu tun. Tatsächlich aber hilft das Betrachten solcher Konflikte bei deren Bewältigung und wir
können uns hinterher viel wohler fühlen. In der Meditation
tut man nichts weiter, als sich diese Konflikte ohne Werturteil
anzuschauen, um dann zum Atem, Bild oder Mantra zurückzukehren.
Wenn wir diese Gefühle wahrnehmen, können wir uns
sagen: »Aha, das ist jetzt wieder Traurigkeit«, oder Angst oder
Einsamkeit. Dabei ist es nützlich, auf die eigene innere
Wortwahl zu achten. Wenn ich mir selbst sage: »Ich bin
wütend«, etikettiere ich mich im negativen Sinne. Ich schrei-
be den Zustand fest. Wenn ich dagegen denke: »Ich habe
gerade wütende Gefühle oder Gedanken«, drücke ich aus,
dass ich die Kontrolle darüber habe. Dies zu beachten, ist
auch im Umgang mit Kindern und Partnern nützlich. »Du
bist faul, ungerecht, gemein« gibt dem Gegenüber keine

Chancen. Spricht man dagegen direkt an, was einen stört, muss das Gegenüber darauf reagieren und kann sich ändern. Es schadet nichts, wenn wir zu weinen anfangen oder wenn wir nach der Meditation auf ein Kissen einschlagen, schreien oder andere Dinge tun, um unsere Wut loszuwerden, solange sie anderen nicht schaden. Aber zensieren oder bewerten Sie nichts!

Um unerledigte Konflikte zu bewältigen, orientieren wir uns an einer Dreierschrittfolge, die aus wahrnehmen, zum Ausdruck bringen und loslassen besteht. Wer so verfährt, kann Stress auf sanfte Weise begegnen. Ich möchte die einzelnen Schritte hier kurz erläutern:

Wahrnehmen bedeutet, zur Kenntnis zu nehmen, dass da etwas ist, das diese Gefühle in uns auslöst: ein Konflikt, eine Meinungsverschiedenheit, ein Streit, eine Enttäuschung. Es gehört schon ein bisschen Übung dazu, dies einfach nur wahrzunehmen, anstatt, wie üblich, den anderen oder uns selbst innerlich zu beschimpfen. Wir wollen nicht bewerten, sondern einfach nur wahrnehmen. Jon Kabat-Zinn vergleicht in diesem Zusammenhang die eigene Achtsamkeit mit einem Topf, in den wir unsere Gefühle hineintun, um sie langsam »garzukochen«. Dabei sollten wir uns in Erinnerung rufen, dass wir sie im Moment nicht brauchen. Sobald die Emotionen »gar« sind, werden wir sie besser verdauen und verstehen (Kabat-Zinn 1995, S. 203).

Zum Ausdruck bringen heißt, die Gefühle zu akzeptieren und sie auszudrücken. Das kann, wie gesagt, durch schreien oder auf ein Kissen schlagen geschehen, wir können aber auch auf einer großen Fläche wild malen oder Holz sägen – je nachdem, was wir im Einzelfall bevorzugen. Wir können auch dem Menschen, mit dem wir in Konflikt stehen, sagen, wie wir uns fühlen. Das hat nichts mit dem üblichen »An-den-Kopf-Werfen« zu tun. Wir reden schließlich nur von uns.

Loslassen können wir die Gefühle am besten durch Meditation oder Visualisierung. Wir können z.b. unsere Wut in einen rosa Luftballon packen und sie in den Weltraum schießen oder uns still hinsetzen und unsere ärgerlichen Gedanken beobachten, ja, sie still umsorgen, ohne sie zwingen zu wollen. Möglicherweise werden Sie auch Pausen zwischen dem einen oder anderen ärgerlichen Gedanken beobachten und es genießen, diese Pausen auszudehnen. Interessant ist es auch zu beobachten, woher der Ärger kommt und wohin er geht.

Ich persönlich ärgere mich z.b. gelegentlich darüber, dass es im Haushalt so viel zu tun gibt und es eigentlich nie richtig sauber ist. Ich stelle dann fest, dass mir Gedanken kommen wie »Du musst hier immer alles allein machen!« oder »Keiner nimmt dich ernst!« Ich bemerke dann, dass ich meinen Mann und meine Söhne zu wenig über die anstehenden Arbeiten informiert habe, lächle mir zu und kann später ganz ruhig vortragen, was im Haushalt noch gemacht werden muss. Dann kann sich jeder eine Arbeit aussuchen.

Oder ich ärgere mich darüber, dass ich Dinge, die ich gern besäße, nicht bekommen kann. »Aha, jetzt bin ich habgierig«, stelle ich fest und lächle mir zu. Ich frage mich: »Ist das wirklich wichtig?« Natürlich nicht.

Konflikte bringen uns in jedem Fall weiter. Meditation ist ein Weg, mit Konflikten anders umzugehen und Gelassenheit zu üben. Wir haben täglich Gelegenheit dazu.

Unlösbar erscheinende Konflikte treten auf, wenn wir aus unserer Mitte geraten, uns von unseren Kraftquellen abschneiden und uns ungeliebt und einsam fühlen. In Wirklichkeit gibt es keine unlösbaren Konflikte. Unlösbare Konflikte sind Maya, eine Illusion, die uns fesselt, uns starr und unbeweglich macht, weil unser beschränkter Verstand im Moment keinen Ausweg sieht. Wenn wir an die Unlösbarkeit glauben, kann sich keine Lösung zeigen, genausowenig, wie ein Gelähmter gehen kann. Wenn wir aber meditieren, ergeben sich manchmal ungewohnte Erkenntnisse und völlig überraschende Lösungen. Allerdings dürfen wir nicht krampfhaft danach suchen, sondern einfach nur in die Stille hinter der Realität schauen.

Ich habe mich oft in Situationen gebracht, in denen ich keinen Ausweg wusste. Zum Beispiel brauchte ich Geld, hatte aber keins. In der Meditation kamen mir wie aus heiterem Himmel Ideen, wie ich Geld auftreiben könnte und was zu tun war. Oder es geschah ein Wunder und ich erhielt ganz unerwartet einen Scheck oder ein Geschenk. Es dauerte oft mehrere Wochen, bis ich aus meiner »Zwickmühle« befreit war. Aber es klappte immer.

Im Umgang mit Menschen, die meinen Rat suchen, erlebe ich auch oft, dass sie Entscheidungen glauben treffen zu müssen, die sie quälen und die eigentlich keine sind: Sie stellen sich z.b. die Frage, ob sie ihren Mann verlassen oder ihren Liebhaber aufgeben sollen? Bevor diese Frage sich von selbst beantwortet, ist es notwendig, sich selbst anzunehmen, zu akzeptieren und zu lieben. Hierbei kann uns die Meditation helfen. Erst dann stellen sich die Fragen anders und neu. Meditation hilft uns, unsere Mitte zu finden und uns ganz zu fühlen und eins mit dem Lied, das Universum heißt.

Wenn ein Kind stirbt

Ein Großteil der Schmerzen, die wir im Leben erfahren, rührt von dem Wunsch her, an Dingen festhalten zu wollen, die sich unweigerlich ändern werden.

Es schmerzt uns, wenn unsere Eltern krank werden und sterben, wenn unsere Kinder heranwachsen und aus dem

Haus gehen. Es schmerzt uns, wenn wir die Kraft und Schönheit unserer Jugend verlieren oder die Anerkennung, die mit einem Beruf verbunden ist. Die Kunst besteht darin, im Leben nichts festhalten zu wollen.

Wir können uns an einer Rose erfreuen, an ihrer Farbe, ihrer Blüte, ihrem Duft. In wenigen Tagen ist sie verblüht. Im Leben ist alles vergänglich, das Schöne wie das Schreckliche. Für viele Mütter ist die Vorstellung, ihr Kind könnte einmal sterben, die schlimmste überhaupt. Ich habe viele Jahre mit der Angst gelebt, einem meiner Kinder könnte etwas zustoßen oder eines von ihnen könnte sterben. Manchmal habe ich diese Angst auch heute noch, aber ich habe akzeptiert, dass jeder Tod sinnvoll ist, auch wenn wir seinen Sinn nicht verstehen. Meine Mutter starb, als ich noch fast ein Kind war. Als mein Vater starb, war ich eine junge Frau. Ich habe meine Eltern »früh« verloren und dennoch heute das Gefühl, dass ihr Segen mir hilft. Dieses Gefühl drückt sich für mich in dem Märchen von der wunderschönen Wassilissa aus. Genau wie Aschenputtel hat Wassilissa nach dem Tod ihrer Mutter die Möglichkeit, bei ihr Hilfe zu bekommen, wann immer sie Unterstützung braucht, und meistert auf diese Weise alle Schwierigkeiten, die sich ihr in den Lebensweg stellen.

Mütter, die ein Kind verlieren, haben mir Ähnliches erzählt. Viele Frauen, die ein solches Schicksal haben, geben ihrem Leben nach dem Tod ihres Kindes einen völlig neuen Sinn. Edith hat mich gelehrt, dass wir durch den Schmerz, den der Tod verursacht, offen werden für neue Erfahrungen und Impulse, die aus der geistigen Welt kommen. Sie hat durch angeleitete Meditation Kontakt zu ihrem verstorbenen Kind aufgenommen und das wunderschöne Bild empfangen, mit ihm durch einen Regenbogen verbunden zu sein. Durch diesen Kontakt inspiriert, konnte sie auf eine völlig neue Art und Weise den Tod ihres Kindes verarbeiten.

Karin hat nach dem Tod ihrer besten und geliebten Freundin Botschaften erhalten, die von so viel Weisheit und Güte geprägt waren, dass sich ihr Leben völlig veränderte. Trotzdem glauben viele Menschen nicht an ein Leben nach dem Tod. Sie kommen mir vor wie die modernen Menschen in der folgenden Geschichte, die sich in der Wüste verirrten.

Die Glut der Sonne hatte sie ausgedörrt. Da zeigte sich in der Ferne eine Oase. »Aha, eine Fata Morgana«, dachten die modernen Menschen. »Eine Luftspiegelung, die uns narrt.« Sie näherten sich, aber die Oase verschwand nicht. Immer deutlicher wurden Dattelpalmen und Gras. Es kam sogar eine Quelle in Sicht. »Natürlich eine Hungerphantasie, die uns unser halb wahnsinniges Gehirn vorgaukelt«, sagten sie zu sich selber. »In Wirklichkeit ist gar nichts da.« Dann hörten sie Wasser sprudeln. »Jetzt auch noch eine Gehör-Halluzination! Wie grausam ist die Natur!« Kurze Zeit später wurden die Menschen von zwei Beduinen tot aufgefunden. »Kannst du das verstehen?« sagte der eine zum anderen, »die Datteln wachsen ihnen fast in den Mund und dicht neben der Quelle verdursten sie.« Der andere antwortete: »Es waren eben moderne Menschen.«

Immer ist der Tod mit Erschütterung und Trauer verbunden. Der Verlust eines geliebten Menschen ist wohl der tiefste Schmerz, den wir erleben können.

David Harp erzählt, dass Marpa, ein spiritueller Meister, von einem Schüler dabei beobachtet wurde, wie er den Tod seines Sohnes beweinte. »Aber Meister«, sagte der Schüler, »du hast uns immer gelehrt, dass der Tod eine Illusion sei. Warum weinst du dann?« Marpa antwortete: »Ja, der Tod ist eine Illusion. Und der Tod eines geliebten Menschen ist die mächtigste und schmerzlichste aller Illusionen.«

Wenn mir Menschen aus ihrem Leben erzählen, bin ich immer wieder tief beeindruckt von den Schicksalsschlägen und schmerzlichen, schrecklichen Erfahrungen, die sie durchleben mussten. Wenn man glauben kann, dass wir uns ganz bewusst für das Leben auf diesem Planeten entschieden und uns auch unsere Eltern ausgesucht haben, kann man nur Hochachtung vor dem Mut und der Lernbereitschaft vieler Menschen empfinden. Die Art und Weise, wie sie ihr Schicksal meistern oder an ihm leiden oder auch mit ihm hadern, ruft immer wieder meine stille Bewunderung hervor. Ich kann nicht glauben, dass Leiden sinnlos ist, ich glaube vielmehr, dass wir an ihm wachsen.

In der Phase der Trauer kann es hilfreich sein, seine Gedanken in der Meditation zu beobachten und dabei so oft wie möglich Mitgefühl zuzulassen.

Mitgefühl ist etwas anderes als Mitleid und ich möchte an dieser Stelle auf diesen bedeutsamen Begriff eingehen. Buddhisten bezeichnen das Mitgefühl oft als »Herz der Meditation« (vgl. Harp/Feldmann 1993, S. 117). Während Mitleid mit unserer eigenen Angst vor Leid durchsetzt ist, akzeptiert Mitgefühl das Leid als eine Realität in dieser Welt. Leid ist überall gegenwärtig, es ist eine zentrale Erfahrung unseres Lebens. Normalerweise versuchen wir, dem Leid zu entkommen, ihm davonzulaufen, es nicht wahrhaben zu wollen, wegzuschauen. Frei können wir jedoch erst werden, wenn wir wagen, unser Leid und das Leid anderer anzuschauen, um es dann loslassen zu können. »Nur wenn wir das Leiden bewusst sehen und uns ihm öffnen, können wir innehalten und zur Ruhe gelangen, können wir Stille und eine tiefere Ebene der Güte und des Wohlseins erreichen. Das Leiden treibt uns dazu, loszulassen und leichter zu leben. Indem wir das Leiden berühren, können wir umfassendes Erbarmen in uns wecken.« (Goldstein/Kornfield 1989, S. 218)

Wenn wir unser Herz für das Leid geöffnet haben und uns heilen, indem wir es loslassen oder wie ein Fisch, der das Wasser durch seine Kiemen fließen lässt, durch uns hindurchfließen lassen, können wir Mitgefühl verströmen.

Mitgefühl bedeutet, sich selbst mit all seinem Leid, mit allen Schmerzen und Unzulänglichkeiten zu akzeptieren. Mitgefühl basiert niemals auf Angst oder Sentimentalität, »sondern ist eine zutiefst hilfsbereite Antwort des Herzens, das sich um die Würde und das Wohlergehen einer jeden Kreatur sorgt. Es ist eine spontane Reaktion auf das Leiden, mit dem wir konfrontiert sind, ein Gefühl gegenseitiger Resonanz und Verbundenheit angesichts der universellen Erfahrung von Verlust und Schmerz.« (Kornfield 1995, S. 269) Mitgefühl beginnt immer bei uns selbst. Es wächst aus der furchtlosen Fähigkeit des Herzens, alles zu umfassen, sich von allem berühren zu lassen, mit allem Beziehung aufzunehmen. Das menschliche Herz, unsere Seele, hat die wunderbare Fähigkeit, das Leid in einen Strom von Mitgefühl zu verwandeln. Jack Kornfield (ebd., S. 273) stellt eine Meditation vor, bei der man zuerst sein eigenes Leben wertschätzt und inmitten aller Schmerzen damit beginnt, auf sich selbst zu achten. Nach einiger Zeit, so die Empfehlung, beginnen Sie an einen Menschen zu denken, den Sie sehr lieben, und diesen Menschen in Ihr Herz zu schließen, indem Sie das Leid dieser Person wahrnehmen. Sie werden fühlen, wie sich Ihr Herz ganz von selbst für diese Person öffnet, sich ihr zuwendet, um ihr Gutes zu wünschen, sie zu trösten und ihren Schmerz zu teilen. Dabei können Sie folgende Worte sprechen oder denken: »Mögest Du frei von Schmerzen sein. Mögest Du Frieden haben.« Natürlich können auch Sie selbst der Mensch sein, dem Sie das wünschen! Und Sie können diese Wünsche auf all Ihre Lieben, auf Ihre Stadt, die ganze Welt und das Universum ausdehnen. Lassen Sie Ihr Herz nun zu einem Ort der Verwandlung allen Leidens werden. Spüren Sie Ihren Atem so, als ob Sie sanft in Ihr Herz hinein und aus ihm heraus atmen könnten. Achten Sie auf die Freundlichkeit Ihres Herzens und stellen Sie sich vor, dass Sie mit jedem Atemzug Schmerz einatmen und Mitgefühl ausatmen. Sie können sich Ihr Herz auch als reinigendes Feuer vorstellen, das allen Schmerz aufnehmen und ihn in das Licht und die

Wärme des Mitgefühls verwandeln kann. Mitgefühl kann wie heilender Balsam sein oder wie die sanften Strahlen der Sonne, die in jede Dunkelheit Licht bringt.

Trauer setzt sich aus zahlreichen Gefühlselementen zusammen: Sie enthält Wut, Angst, Schuld, Einsamkeit, Gefühllosigkeit und noch viele viele andere Regungen. In der Meditation können Sie mit jedem dieser Gefühle in Kontakt kommen. Trauer sieht bei jedem Menschen anders aus: Während der eine weint, zieht sich der andere in sich selbst zurück. Wieder ein anderer stürzt sich vielleicht in Arbeit. Hüten wir uns davor, die unterschiedlichen Formen der Trauer zu bewerten!

Wenn zwischen dem Schmerz kleine Pausen auftreten, ähnlich den Pausen zwischen den Geburtswehen, können wir unserem Mitgefühl und unserer Achtsamkeit wieder mehr Raum geben. Dies kann ein erster Schritt zur Heilung sein. Der Tod eines geliebten Menschen, insbesondere eines Kindes, ist vielleicht der wirksamste und strengste Lehrmeister, dem wir im Leben begegnen können. Es gibt keine Möglichkeit, ihm aus dem Weg zu gehen.

Indem wir über den Tod meditieren, können wir vielleicht die schwierigste aller Lektionen lernen: bedingungslose Liebe zu geben und zu empfangen.

Dies gilt auch, wenn andere Menschen, die wir kennen, einen solchen Schicksalsschlag erleiden müssen. Wir fühlen uns oft hilflos und wissen nicht, wie wir z.B. der Mutter, deren Kind gestorben ist, begegnen sollen. Mitgefühl ist hier immer die geeignetste Form im Umgang mit der Trauernden. Gehen Sie auf sie zu und drücken Sie Ihr Mitgefühl aus. Sprechen Sie über ihre eigenen Gefühle. Fragen Sie sie, ob sie zur Zeit lieber allein sein oder ihre Gefühle mitteilen möchte. Falls sie sich zunächst zurückziehen möchte, bieten Sie ihr für später ein Gespräch an. Das Gefühl, von allen gemieden zu werden, ist für viele Trauernde unerträglich.

Wir sollten uns jedoch auch davor hüten, Trauernden unsere
»Weisheit« aufdrängen zu wollen oder ihnen gute Ratschläge
zu erteilen. Ratschläge können Schläge sein. Jeder kann nur
selbst zu seiner eigenen Wahrheit finden. Es ist etwas anderes,
wenn wir über unsere Ansichten befragt werden.

Das Pfand

Der Rabbi kam aus dem Bethaus und vermisste seine beiden Söhne.
Mehrmals fragte er seine Frau, wo die Knaben seien. Sie gab ausweichende
Antworten.
Später sprach sie: »Vor etlicher Zeit kam ein Fremder zu mir und gab mir
ein Pfand, damit ich es bewahre. Es waren zwei Perlen von großer
Schönheit. Ich hatte meine Freude an ihnen, als wären sie mein. Heute,
als du im Bethaus warst, kam der Fremde zurück und verlangte sein Pfand.
Soll ich es ihm wiedergeben?«
Streng rügte der Rabbi: »Welch eine Frage! Wie kannst du zögern, etwas,
was dir anvertraut wurde, zurückzugeben?«
Da nahm die Frau ihn bei der Hand und führte ihn in die Schlafkammer.
Sie hob die Decke vom Bett. Da lagen die Knaben, still und schön. Sie
waren beide tot. Der Rabbi schrie laut auf und warf sich über seine Söhne.
Sie aber sprach: »Hast du nicht gesagt, das Pfand müsse zurückgegeben
werden? Der Herr hat es gegeben, der Herr hat es genommen. Der Name
des Herrn sei gelobt.«

Grabspruch

Je länger du dort bist,
Umso mehr bist du hier,
Je weiter du fort bist,
Umso näher bei mir,
Du wirst mir notwendiger,
Als das tägliche Brot ist –
Du wirst lebendiger,
Je länger du tot bist.
Börries Freiherr von Münchhausen

Eins und Eins sind Drei

Für die meisten Mütter ist es schwierig, sich nach der Geburt ihres Kindes wieder auf den Partner und Vater des Kindes einzulassen. Wer das Glück hat, einen Mann zu haben, der sich liebevoll um das Neugeborene kümmert, wird es leichter haben, die Veränderungen, die sich auf oft dramatische Weise nach der Geburt abzuzeichnen beginnen, positiv aufzunehmen und zu verkraften. Viele Väter haben allerdings nicht gelernt, sich auf ihre neue Rolle vorzubereiten, Abstriche an ihr Berufs- und Privatleben zu machen und Verständnis für die neue Situation zu zeigen.

Hier dennoch einen gemeinsamen Weg zu finden, erfordert Geduld, Lernbereitschaft und Geschick auf beiden Seiten. Ganz wichtig ist auch hier wieder das Gespräch. Im Kapitel über Konflikte habe ich hierzu schon einige Anregungen gegeben.

Meditation kann kein Ersatz für klärende Gespräche, Äußerungen von Gefühlen und Anmeldung von Wünschen und Bedürfnissen sein. Und wenn ein Partner keinerlei Bereitschaft zum Umdenken und Mitlernen zeigt, ist es auch nicht sinnvoll, immer wieder nachzugeben und über das hinwegzusehen, was einen innerlich schmerzt. Bevor Sie hier in eine Sackgasse geraten, sollten Sie sich ruhig von Freunden oder einer familientherapeutischen Beratungsstelle helfen lassen. Sie sind mit Ihrem Problem nicht allein!

Meditation kann aber unser Herz immer wieder weich werden lassen und lässt uns auch den anderen in einem liebevollen Licht und voller Mitgefühl sehen. Sie werden feststellen, dass Meditation niemals ohne Folgen bleibt.

Eine schöne Übung besteht z.B. darin, sich schweigend in die Augen zu schauen und in den Augen des anderen zu erkennen, was Sie voneinander trennt und was Sie miteinander verbindet. Sie sind beide aus dem gleichen »göttlichen Stoff« gewoben, haben noch immer viele Gemeinsamkeiten. Sie und Ihr Partner haben beide Ihr Kind gezeugt, es hat sich Sie beide als Eltern ausgesucht, um auf dieser Erde seinen Weg und seine Aufgabe zu finden. Wollen Sie ihm dabei helfen? Wollen Sie sich gegenseitig bei der schwierigen Aufgabe des Elternseins unterstützen?

Wenn es Ihnen gelingt, miteinander im Gespräch zu bleiben, Ihre Gefühle auszutauschen und Vorwürfe zu unterlassen, werden Sie bemerken, dass gerade die schwierigen Phasen einer Beziehung zu mehr Nähe, Verständnis und Tiefe führen. Wenn Sie Ihren Partner als einen Lehrmeister annehmen, der Ihnen hilft, mit Einsamkeit, mit sexueller Frustration und mit Unverständnis umzugehen und all das zu überwinden, können Sie zu zweit und zu dritt viele neue und schöne Erfahrungen machen.

Achtsamkeit im Umgang miteinander ist kein leichter, aber ganz sicher ein direkter Weg zu mehr Liebe und Glück.

Festhalten und Loslassen

Das Leben mit Kindern, ja, vielleicht das Leben überhaupt, gleicht einem ständigen Wechsel von Festhalten und Loslassen.

Schon der Beginn eines neuen Lebens entsteht durch ersteres, wenn sich der Samen mit der Eizelle vereint. Wissen Sie, wann Ihr Kind gezeugt wurde und welche Gefühle Sie dabei hatten? Waren Sie sich der Möglichkeit einer Zeugung bewusst? Wollten Sie beide ein Kind und welche Hoffnungen und Wünsche verbanden Sie mit diesem Gedanken?

Die Geburt wiederum ist ein einziges, auch schmerzliches Loslassen. Das Kind wird aus seiner wunderbaren Geborgenheit in die kalte Welt »entlassen« und auch wir Mütter erfahren die Trennung durch Schmerz: Nie wieder werden wir so eng mit ihm verbunden sein.

Das Leben mit einem Neugeborenen gleicht wieder einem einzigen Festhalten. Aber jetzt kann sich auch sein Vater an diesem Prozess beteiligen ... Kann er seine Aufgabe annehmen oder braucht er unsere Hilfe? Können wir auch mal loslassen und akzeptieren, dass unser Partner eine andere Art hat, mit unserem Kind umzugehen?

Oft fühlen wir uns gefangen durch das kleine Ungeheuer, das wir geboren haben. Es selber ist uns auf Gedeih und Verderb ausgeliefert.

Und dann müssen wir wieder loslassen, wenn das Kind lernt, sich von uns zu entfernen, sein Selbst zu entdecken, sich krabbelnd und laufend und nicht ohne ein schelmisches Lächeln von uns zu entfernen. Aber gerade in dieser Phase der ersten Trennung ist es wieder besonders auf unser Festhalten angewiesen. Noch ist es nicht der Sprache mächtig, träumt aber in angsteinflößenden Bildern vom Loslassen und Verlassenwerden, von all dem, was es sieht, aber nicht versteht. Immer wieder braucht es die Geborgenheit und den Schutz unserer Arme und unseres Schoßes.

Mit dem Eintritt in den Kindergarten oder anderen Möglichkeiten der Fremdbetreuung müssen wir wieder beide das Loslassen üben. Geht unser Kind freudig oder ängstlich auf andere zu? Können wir akzeptieren, dass es so ist, wie es ist? Welche Gefühle haben wir selbst beim Abschied? Fällt es uns leicht oder schwer, unser Kind anderen zu überlassen? Genießen wir die Zeit des »Endlich-mal-wieder-Alleinseins« oder durchleiden wir sie? Können wir uns selber mit unseren Gefühlen so annehmen, wie wir sind? Auch in dieser Zeit des Loslassens gibt es immer wieder Phasen des Festhaltens,

Phasen der Angst und besonderen Bedürftigkeit, Phasen der Krankheit und Phasen, in denen wir auf einander angewiesen sind.

Mit der Einschulung beginnt eine vom Staat verordnete Trennung, ein Loslassen, bei dem wir und andere unser Kind bewerten. Können wir akzeptieren, dass Lehrerinnen unser Kind mit anderen Augen sehen? Dass sie es nach Kriterien beurteilen, die vielleicht nicht die unseren sind? Können wir akzeptieren, dass unser Kind mit Normen und Werten konfrontiert wird, die wir vielleicht nicht teilen?

Auch während der Schulzeit brauchen unsere Kinder immer wieder unseren Halt. Bei schlechten Zensuren, bei Tadeln, Ängsten, Problemen und Krisen müssen wir sie immer wieder festhalten, bis sie eines Tages für immer aus dem Haus gehen. Ja vielleicht lehnen sie uns sogar vorübergehend ab und wir müssen akzeptieren, dass wir nicht mehr die wich-

tigste Person in ihrem Leben sind. Vielleicht sogar die unwichtigste.

Festhalten und Loslassen, immer wieder ... bis wir uns für immer voneinander trennen, zumindest in dieser irdischen Welt.

Es lohnt sich, über den Prozess des Festhaltens und Loslassens zu meditieren. Über diesen Rhythmus, der unserem Herzschlag gleicht und der auch nach unserem Leben fortbesteht.

Ein Vater bringt seinen kleinen Sohn zum Rabbi und klagt, dass dieser keine Ausdauer beim Lernen habe. Der Vater geht und schweigend bettet der Rabbi das Kind an sein Herz, bis der Vater zurückkommt. Der Rabbi gibt dem Vater den Jungen zurück und sagt: »Ich habe ihm ins Gewissen geredet. Es wird ihm an Ausdauer nicht fehlen.«
(Nach Martin Buber, Erzählungen der Chassidim, Zürich 1949.)

Umdeuten

Bei der Umdeutung von Dingen, die wir bislang anders gesehen haben, handelt es sich um eine Technik aus der Familientherapie, die uns ermuntert, verschiedene Perspektiven einzunehmen und unterschiedliche Sichtweisen zu akzeptieren.

In der Meditation entwickeln wir eine Distanz zu unseren Problemen, die es uns erleichtert, die Probleme mit anderen Augen zu sehen.

So fühlen wir uns zum Beispiel im Alltag genervt von dem Lärm und dem Chaos unserer Kinder.

In der Meditation können wir erkennen, dass Lärm und Chaos ein Ausdruck ihrer Lebendigkeit sind, und uns dankbar darüber freuen, dass unsere Kinder leben und gesund sind.

Lärm und Chaos lassen sich in Lebendigkeit umdeuten.

Im Alltag ärgern wir uns vielleicht über die Nervosität und Gereiztheit unseres Partners oder über unsere eigene Unausgeglichenheit.

In der Meditation können wir die dahinterstehenden Gefühle von Hilflosigkeit und Überforderung erkennen und akzeptieren und Mitgefühl entwickeln. Wir deuten Nervosität und Gereiztheit in Hilflosigkeit oder Überforderung um. Im Alltag kann uns ein Kind mit seiner Langsamkeit und Begriffsstutzigkeit zur Weißglut bringen. In der Meditation sehen wir in der Begriffsstutzigkeit unseres Kindes eine Stärke. Eine Stärke, sich ganz auf etwas einzulassen und eins mit einer Beschäftigung zu werden. In der Meditation können wir Langsamkeit in Einssein umdeuten.

Neue Sichtweisen zu entwickeln, ist immer nur dann sinnvoll, wenn Sie das Umgedeutete wirklich akzeptieren und sich gut dabei fühlen. Umdeutungen lassen sich weder erzwingen noch einreden, sie müssen mit unseren Gefühlen übereinstimmen ... Etwas umzudeuten, ist ein gutes Mittel, Kontakt mit unserem höheren Selbst aufzunehmen und über unsere selbst gesetzten Grenzen zu schauen. Die Meditation hilft uns, auf das zu blicken, was wirklich geschieht, anstatt uns in Phantasien, Gedanken, Interpretationen und Ideen zu verstricken.

Die Fähigkeit der Selbsteinschränkung

Oft verbittert es uns, dass wir uns als Mütter ständig einschränken müssen. Daher ist es wichtig, sich mit Partnern und Freunden sowie größeren Kindern über die eigenen Bedürfnisse und Wünsche auszutauschen, um auf diese Weise eine gerechte Verteilung der Lasten und täglichen Arbeiten zu erreichen. In diesem Zusammenhang möchte ich auf das buddhistische Prinzip von der Freiheit der Selbsteinschränkung hinweisen, das ich für sehr beachtenswert halte. Bei diesem Prinzip werden unsere Begierden und Wünsche mit einer Leimfalle verglichen: Ein Affe sieht diese Leimfalle und will sie aus Neugier berühren. Er klebt daran fest. Als er sich mit der anderen Hand befreien will, klebt er auch mit dieser fest. Nun versucht er sich mit den Füßen wegzudrücken – und kommt so gar nicht mehr los.

Unsere Wünsche und Begierden gleichen dieser Falle, denn wenn wir aus Lust nach etwas greifen, wollen wir mehr und geraten dann immer tiefer in die Sackgasse dieses Besitzdranges. Wir werden aber nicht unglücklich, weil ein Wunsch unerfüllt bleibt, sondern weil wir uns schon so viele Wünsche erfüllt haben, die uns alle nicht glücklich gemacht haben. Dennoch schreien wir ständig nach mehr.

Unsere Kinder machen uns dies oft mit erschütternder Klarheit bewusst: Der Wunsch nach diesem oder jenem Spielzeug führt nur dazu, dass es bald achtlos in der Ecke liegt. Doch letztlich sind wir es, die ihnen ein solches Verhalten vorleben. Ich möchte betonen, dass die Freiheit der Selbsteinschränkung nichts mit Unterdrückung zu tun hat. Wenn wir unsere Begierde auf Schokolade oder eine Fernreise unterdrücken, werden wir nur umso mehr davon angezogen.

Bei der Freiheit der Selbsteinschränkung geht es auch gar nicht darum, unser Recht auf Glück einzuschränken. Sie zielt eher darauf ab, sich bewusst, ja geradezu liebevoll und zärtlich gegen etwas zu entscheiden, das sich uns spontan aufgedrängt hat. Noch eine Tasse Kaffee, die nächste Zigarette, noch ein Stück Schokolade ...

Als meine Kinder klein waren, habe ich mich oft schlecht gefühlt, weil ich die eine oder andere interessante Fortbildung nicht besuchen konnte. Manchmal war ich verbittert und dachte: »Nie kann ich an irgendetwas teilnehmen!«

Wenn ich mich jedoch bewusst gegen etwas entschieden hatte, weil ich fühlte, dass mein kleines Kind mich brauchte, und ich wusste, dass ich ja später noch genügend Gelegenheit haben würde, das »Versäumte« nachzuholen, konnte ich gelassen zu Hause bleiben und mich meinem Kind widmen. Ich war dann zufrieden.

Meditation hilft uns, unseren Geist zu beobachten und unsere Begierden und Wünsche vorbehaltlos zu betrachten. Zufriedenheit kann sich einstellen, wenn wir die Dinge sehen, wie sie sind, und sie als gegeben akzeptieren.

Wir können lernen, sanft und mit Humor Nein zu sagen, und das nicht nur uns selbst, sondern auch unseren Kindern und Partnern – und erschließen uns auf diese Weise eine Quelle ungeheurer Macht und Energie. Begierden sind der Hunger nach angenehmen Gefühlen. Die können wir jedoch nicht dort finden, wo sie nicht sind.

Das erinnert mich an die Geschichte von dem Mullah Nasruddin, der seinen Schlüssel nicht unter der Laterne finden konnte, wo er ihn vergeblich suchte. Freunde sahen, dass er da etwas suchte, und wollten ihm helfen. Jedoch ohne Erfolg. Schließlich fragte einer Nasruddin, wo genau er ihn verloren habe. »Im Haus«, lautete seine Antwort. »Aber warum suchst du dann hier unter der Laterne?« fragte ein Freund verständnislos. »Weil hier mehr Licht ist.«

Werden auch wir nicht von Konsumartikeln und sinnlichen Freuden angezogen wie Nasruddin von der Helligkeit der Laterne?

Echte Zufriedenheit kann ich jedoch nur dort finden, wo sie gedeiht: in der Achtsamkeit für mich und dem, was hier und jetzt ist, in allem, was mich im Augenblick glücklich macht.

Bewusst geübte Selbsteinschränkung hilft uns, Leichtigkeit und Fülle im Augenblick zu entdecken.

Wir können lernen, gütig zu sein, anstatt uns in aggressivem Verhalten und Selbstmitleid zu verausgaben.

Sie dürfen Ihren Kaffee weiter genießen. Sie dürfen mal wieder ins Kino oder in ein Konzert gehen. Sie dürfen tanzen gehen. Und Sie dürfen den Augenblick genießen. Beobachten Sie in der Meditation ihre Wünsche und Begierden. Beurteilen Sie nichts. Sagen Sie zu einem Wunsch liebevoll und bewusst nein, weil Sie selbst es so entscheiden.

Visualisierungen bei Krankheit

Die folgenden Anregungen sind zur Unterstützung bei Krankheiten gedacht. Sie helfen dabei, Angst zu überwinden, Schmerzen anzunehmen, sich zu entspannen und den Heilungsprozess zu fördern. Sie ersetzen aber keinen Arztbesuch, der in vielen Fällen trotzdem sinnvoll und notwendig ist.

Ich selbst heile kleine Leiden meiner Familie mit ätherischen Ölen, mit Tees und mithilfe von Visualisierungen, die auch meine größeren Kinder ausgesprochen amüsant finden. Dadurch haben sich bei uns viele Arztbesuche verringert. Das Wichtigste, das ich meinen Kindern in Bezug auf ihre Gesundheit vermitteln möchte, ist, dass ihr eigener Körper über Kräfte verfügt, die ihn gesund erhalten können. Während die negativen Auswirkungen der Einbildungskraft weitgehend bekannt und aus Stress- und Krankheitsforschung geläufig sind, wird noch zu selten beachtet, dass wir uns umgekehrt mit heilsamen Vorstellungen auch Gutes tun können. Bilder aktivieren die Selbstheilungskräfte, indem sie Körper, Geist und Seele beruhigen und Veränderungen bildhaft spürbar machen. Bilder haben große Suggestionskraft. Deprak Chopra berichtet von einem Mann, der in flüssiges Metall fiel. Er wurde sofort in ein Krankenhaus gebracht, wo man ihm suggerierte, er sei in eiskaltes Wasser gefallen. Die Heilung verlief überraschend problemlos und der Mann hatte nur wenig Schmerzen. Ähnlich hielt Yogananda, der als einer der Ersten Yoga nach Amerika brachte, Krankheit für eine Illusion, an der wir festhalten. Nach Yogananda sterben wir nicht an einer Krankheit, sondern an unseren Gedanken und Vorstellungen über diese Krankheit. Für diese Sicht der Dinge sprechen viele Krankheitsgeschichten, die zeigen, dass Menschen jahrelang problemlos mit einer unheilbaren Krankheit leben können, wenn sie nichts davon wissen oder sich nicht davor fürchten.

Mir persönlich liegen die Achtung und Anerkennung unseres wunderbaren Immunsystems, das jedem Menschen geschenkt wird und das durch gesunde Ernährung, mithilfe von Visualisierungen und dem Gefühl der Dankbarkeit gestärkt werden kann, sehr am Herzen.

Wenn Ihr Kind noch zu klein für eine Visualisierung ist, sollten Sie sie an seiner Stelle vornehmen.

Größere Kinder können angeleitet werden, eigene innere Bilder zu entwickeln. Kleine Geschichten helfen, solche Vorstellungen aufzubauen.

Die Visualisierungstechnik gehört zu den ältesten und wichtigsten Hilfsmitteln im Heilungsprozess. Jeanne Achterberg hat als Professorin und Ärztin die Kraft der Imagination wissenschaftlich untersucht. Ihr Buch enthält wie das von Deprak Chopra eine Fülle von Krankheits- oder besser Gesundheitsgeschichten, die die These, dass Vorstellungsbilder auf unseren Gesundheitszustand im negativen wie im positiven Sinne einwirken, bestätigen (Achterberg 1990).

Ich führe im Folgenden einige Beispiele an, die für Sie als Anregung bei der Erfindung von eigenen Geschichten bzw. Phantasiereisen gedacht sind. Für das Erzählen von solchen Geschichten ist es immer nützlich, eigene Vorstellungen des Kindes aufzugreifen und einzuflechten. Ich denke hier z.B. an Lieblingstiere oder -figuren, die dann in der Phantasie zur Mitwirkung bei der Heilung eingesetzt werden können.

Wichtig ist auch, dass Sie Ihr Kind beim Erzählen dieser Heilgeschichten beobachten. Es kann sein, dass irgendeine Vorstellung ihm Angst macht, ohne dass Sie es ahnen. In so einem Fall sollten Sie sie aus der Geschichte verbannen (Sie werfen sie aus dem Fenster, indem Sie das Fenster wirklich öffnen und es dann wieder schließen). Eine andere Möglichkeit besteht darin, dass Sie Ihr Kind fragen, was es mit dieser angsterregenden Erscheinung machen möchte, und Sie seinen Vorschlag aufgreifen.

Heilzwerge

Ich möchte dir jetzt eine kleine Geschichte erzählen, bei der du ruhig die Augen schließen kannst. Auf diese Weise kannst du nach innen schauen und deine eigenen Bilder sehen. Du kannst auch anfangen, früher oder später auf deinen Atem zu achten, wie er ganz von allein kommt und geht. Und du kannst dir vorstellen, dass du mit jedem Einatmen gute und gesunde frische Luft in deinen Körper einziehst und mit jedem Ausatmen alle verbrauchte und krankheitsbeladene Luft herausbläst, so dass du dich mit jedem Atemzug ein wenig wohler und gesünder fühlen kannst.

Und nun stell dir vor, dass dir in deinem Körper winzige Zwerge dabei helfen, deine Krankheit zu bekämpfen. Sie haben kleine goldene Besen, mit denen sie überall in dir sauber machen und alles, was dich krank macht, aus dir herausbürsten. Sie haben auch kleine goldene Eimer, in denen sich das Wasser des Lebens befindet, das sie durch deine Adern spülen und das dich ganz gesund und frisch macht. Schau ihnen eine Weile bei ihrer Arbeit zu und bleibe ganz ruhig und entspannt, damit du sie nicht störst. Du kannst dich auch bei ihnen für ihre Hilfe bedanken, du kannst es aber auch einfach geschehen lassen, denn sie helfen dir gern ...

Und nun kannst du selbst entscheiden, ob du noch bei den Zwergen bleiben willst oder ob du langsam und allmählich zu deinem Atem zurückkehren möchtest und von dort hierher zurück in den Raum, in dein gemütliches Bett, und du dich in dein Kissen kuscheln und vielleicht ein wenig schlafen möchtest. Oder ob du lieber etwas anderes tun möchtest. Und du sollst wissen, dass du – wann immer du willst – die Zwerge beobachten oder dass du sie ihre Arbeit ganz allein und von selbst tun lassen kannst. Sie machen sie gerne, sie tun es für dich.

Der Sorgenbaum

Stell dir vor, dass du auf einem schönen Weg in der Natur bist. Du hast Lust, dem Weg zu folgen, und gelangst an eine schöne Gartentür, die im Sonnenschein mit all den Blumen, die sie umranken, wunderbar und geheimnisvoll glitzert. Du bekommst Lust, die kleine Tür zu öffnen, und zu deinem Erstaunen stellst du fest, dass hier ein Schild befestigt ist, auf dem dein Name steht. Ja, dies ist dein Garten, darin finden sich Blumen in all deinen Lieblingsfarben, Schmetterlinge und eine große Wiese. Und dort, das Plätschern, es kommt von einem zierlichen Springbrunnen, über dem im Sonnenlicht ein Regenbogen funkelt. Du lauschst auf die Vogelstimmen, die hier überall zu hören sind, und du nimmst den Duft der Blüten wahr, der dich stark an deinen Lieblingsduft erinnert. Du siehst dich genau um und entdeckst all die schönen Dinge, die du schon immer gern in deinem Garten haben wolltest ... Und dann siehst du auch einen großen, wunderschönen Baum mit vielen Zweigen. Er heißt *Sorgenbaum*, weil du an seine Zweige alle Sorgen,

Schmerzen und Nöte hängen kannst, die du loswerden möchtest. Der Baum erlaubt es dir gern. Und wenn du einen großen Schmerz hast, dann hängst du ihn an einen großen Zweig, und wenn du einen kleinen Schmerz hast, dann hängst du ihn an einen kleinen Zweig. Und genauso machst du es mit den Sorgen und Nöten und mit allem, was du sonst noch loswerden möchtest. Und nun mach dich an die Arbeit ... und wenn du alles abgeladen hast, dann wirst du bemerken, wie erleichtert du dich fühlst. Du kannst den leichten, frischen Wind genießen, der dir sanft um den Kopf weht. Und vielleicht hast du Lust, noch ein wenig in dem Brunnen zu planschen und dich abzuspülen, oder du legst dich einfach auf die Wiese ... bleibe so lange in deinem Garten, wie es dir gut tut, und dann komm durch die kleine Pforte wieder hierher zurück. Du sollst wissen, dass du jederzeit wieder in deinen Garten gehen kannst, wann immer du Lust dazu hast und dich erholen und etwas loswerden möchtest ... Und nun kannst du dich recken und strecken. Du bist wieder hier, erfrischt und wach.

Die Quelle

Manchmal, wenn es uns nicht so gut geht, haben wir die Möglichkeit, zu einer Quelle zu gehen, die Krankheit und Schmerz von uns nehmen kann. Und das geht so: Stell dir vor, dass du auf einer wunderschönen Sommerwiese stehst. Über dir wölbt sich ein blauer, wolkenloser Himmel und die Luft duftet nach Blumen und Gras. Du bekommst Lust, über die Wiese zu laufen, und bleibst stehen, weil du ein geheimnisvolles Glucksen hörst. Es kommt von einem kleinen Bach, den du entdeckt hast und dem du folgen möchtest ... Er führt dich zwischen hohen Bäumen hindurch zu einem besonderen Platz. Hier sprudelt aus der Erde kristallklares Wasser, es ist das Wasser der Quelle. Und neben der Quelle entdeckst du zu deinem Erstaunen ein wunderschönes Kristallglas in deiner Lieblingsfarbe. Du nimmst es vorsichtig in die Hand und hältst es gegen die Sonne. Was für ein wunderbarer Anblick und wie alle Farben sich nun durch den Blick durch das Glas verändern. Weil du durstig bist, bekommst du Lust, von dem Quellwasser zu trinken, und du kniest nieder, um es mit deinem Zauberglas zu schöpfen. Und während du trinkst, spürst du früher oder später, wie deine Schmerzen weggespült werden und ein wohliges Gefühl von Frische und Gesundheit sich langsam in dir ausbreitet. Und wenn du das Glas ausgetrunken hast, kannst du dich viel besser fühlen und vielleicht noch ein wenig nachschöpfen. Und wenn du wirklich genug getrunken hast, kannst du dich dort an der Quelle ausruhen, dem Gemurmel des Wassers lauschen und vielleicht noch ein wenig schlafen ... und wenn es für dich an der Zeit ist, gehst du den Weg zurück über die Wiese, bis du wieder hier in deinem Zimmer zu Hause bist.

Mit dieser Geschichte, leicht variiert, sind Warzen am Fuß meiner Tochter verschwunden, die ihr beim Laufen wehtaten.

Im Reich der Feen

Vielleicht hast du Lust, einmal die Feen zu besuchen, die dir auf vielerlei Weise helfen können. Stell dir vor, dass du an einem besonders schönen Ort bist, vielleicht in einem Garten, vielleicht auf einer Wiese oder in einem besonders schönen Wald. Du bückst dich, um dir die Blumen, die dort wachsen, genauer anzusehen, da entdeckst du zu deinem Erstaunen das liebliche Gesicht einer kleinen Fee. Sie lächelt dir zu, denn sie mag dich sehr. Kannst du die bunten Staubwedel erkennen, die sie in ihren Händen hält? Sie hat schon auf dich gewartet und möchte dir Gutes tun. »Komm her zu mir, mein gutes Kind, ich wedele alle Sorgen geschwind von dir ab«, so singt sie ein kleines Lied und wedelt dabei mit dem feinen, blütenzarten Besen alle Beschwerden von dir ab.

»Ich liebe dich und verwöhne dich, ich lasse dich niemals im Stich«, singt die kleine Fee weiter. Und sie fragt dich auch, was sie sonst noch für dich tun kann, damit es dir wieder besser geht und du wieder ganz fröhlich wirst. Und du antwortest ihr in deiner eigenen Sprache ... Dann kannst du, wenn du willst, noch ein wenig mit der Fee spielen ... jetzt kannst du dich verabschieden und bedanken und langsam hierher zurückkommen, erfrischt und wach.

Reise zu deinem Schutzengel

Heute will ich dir eine besondere Art des Reisens zeigen, und die geht so.

Du kannst früher oder später die Augen schließen und dir vorstellen, dass bei jedem Ausatmen weißes Licht aus deinen Zehen strömt ... und bei jedem Einatmen kannst du dir vorstellen, dass der Atem am Scheitel aus deinem Kopf herausströmt wie das Wasser bei einem Wal, der atmet wie du ..., so dass der Atem beim Ausatmen aus deinen Zehen austritt und beim Einatmen aus deinem Kopf ..., so dass du ganz allmählich eingehüllt wirst in eine Kugel aus weißem, angenehmem Licht ... In dieser Kugel kannst du dich ganz sicher und geborgen fühlen. Vielleicht hast du Lust, in dieser Kugel aus Sicherheit und Geborgenheit eine kleine Reise zu unternehmen, ins Weltall, zu den Sternen ... und du kannst dort, wenn du das möchtest, deinem Schutzengel begegnen. Du kannst hören, wie lieb er dich hat ... vielleicht hast du Lust, ihm eine Frage zu stellen ..., und dann kannst du die Antwort auf deine Art aufnehmen ... und dich bei ihm bedanken und dann früher oder später hierher zurückkehren, in deiner Kugel aus weißem Licht ..., und du sollst wissen, dass du jederzeit wieder so eine Reise unternehmen kannst. Sicher und geschützt in deiner Kugel ... und nun komm wieder hierher, erfrischt und wach ...

Der unsichtbare Schutzschild

Heute möchte ich dir erklären, wie du dich schützen kannst vor allem, was du nicht magst. Vor Gedanken, die dir wehtun, vor Bemerkungen, die dich verletzen, oder vor Schmerzen, die dich plagen. Beginne, auf deinen Atem zu achten, darauf, wie er kommt und geht ..., und dann stell dir vor, dass du an einen schönen Ort gehst, an einen Ort, an dem du dich sicher und geborgen fühlst und ganz wohl ..., lass dir ein wenig Zeit, dir diesen Ort auszuwählen, damit er dir wirklich gefällt und du dich dort wohl fühlst.
Und dann lass aus der Ferne eine weise, freundliche Person auf dich zukommen, die dir etwas mitgebracht hat. Ein Geschenk, nur für dich. Es ist ein ganz besonderes Geschenk, ein unsichtbarer Schutzschild. Nur du kannst sehen und erkennen, ob er ein Mantel aus Sternenlicht, ein Umhang aus Mondlicht oder ein durchsichtiger Schild ist. Oder ob er

etwas ganz anderes ist, aus einem Material, das dich staunen lässt ... Du weißt, dass dieser Schutzschild dir geschenkt wird, um dich vor allem Bösen und Unangenehmen zu schützen, so dass du ihm leicht und sicher begegnen kannst, angetan mit diesem besonderen Geschenk. Und nun lass dir erklären, wie dieser Schild funktioniert und wie du ihn benutzen kannst ... Dann bedanke dich bei dieser weisen Person und verabschiede dich von ihr, komm allmählich und in deinem eigenen Tempo hierher zurück, wohl wissend, dass dein Schild jetzt für immer dir gehört. Dann öffne deine Augen, bewege Hände und Füße und sei wieder hier, erfrischt und wach.

Ausgleichende Yoga-Übungen für jeden Tag

Yoga bedeutet »vereinigen« und meint, dass Körper, Geist und Seele im Einklang sein müssen, wenn wir uns wohl fühlen wollen. Ziel des Yoga ist jedoch nicht nur, diese Einheit zu erleben, sondern uns mit dem Absoluten oder Göttlichen, hier Brahman genannt, zu vereinigen. Für Yogis ist das, was wir als Realität erleben, Illusion (Maya). Wenn es uns gelingt, durch Meditation hinter die Realität zu schauen, auf den unberührbaren Kern unseres Selbst, der eins ist mit dem Absoluten, unverletzlich und von grenzenloser Liebe umgeben, müssen wir uns keine Sorgen mehr machen. Indem wir uns täglich mit allen Dingen und Sorgen identifizieren – »mein Haus«, »mein Kind«, »mein Problem« –, werden wir leicht von ihnen aufgefressen oder zumindest hypnotisiert. Der Yogi identifiziert sich stattdessen mit dem höheren Selbst oder dem »stummen Zeugen« in ihm, jenem unverletzbaren Kern, der mit allem verbunden ist. Indem wir innerlich Abstand nehmen, wird es uns möglich, alle täglichen Probleme zu meistern.

Die Körperübungen des Yoga sind nur ein kleiner Teil der umfassenden Philosophie. Weil ich selber seit vielen Jahren Yoga praktiziere, möchte ich an dieser Stelle auch auf Körperübungen eingehen. Sie sind ersetzbar durch andere Übungen, die Körpererfahrung vermitteln und die uns helfen, mit uns selbst ins Gleichgewicht zu kommen und Ganzheit spüren zu lassen.

Für diese wie auch andere Übungen braucht man einen Lehrer oder eine Lehrerin, ein Buch ist die schlechtmöglichste Form der Anleitung. Wenn ich hier dennoch einige wenige Übungen anführe, dann deshalb, weil ich Sie ermuntern möchte, sie einmal auszuprobieren. Wenn Ihnen die Übungen wohl tun, können Sie sich an Ihrem Ort nach entsprechenden Kursen umhören.

Einige der hier angeführten einfachen Übungen schaffen Verbindung zur Erde, andere zum Himmel oder der Luft. Der Lotussitz oder der halbe Lotus ermöglicht es uns, die Erdenergie in unser Wurzelchakra einströmen zu lassen. Aber auch in der Totenstellung, die jeder leicht einnehmen kann, haben wir guten Kontakt zur Erde und ihren Energien. Andere Übungen wie der Gruß verbinden uns mit dem Himmel. Im Gruß an die Sonne oder im Sonnengebet wird beides auf harmonische Weise vereint.

Ich möchte noch betonen, dass Yoga nichts mit Leistungssport zu tun hat. Es geht nicht um irgendwelche gekonnten Verrenkungen. Wenn Sie das Gefühl haben, eine Übung nicht zu »können«, lassen Sie diese aus oder üben Sie sie, so gut Sie können.

Gerade die Vorübungen zum Lotussitz und den Lotussitz selber können Sie mit Ihren Kindern üben. Sie werden staunen, um wie viel beweglicher sie noch sind. Das Buch *Kinder spielen Yoga* von Mary Stewart und Kathy Phillips (siehe Literaturverzeichnis) kann Ihnen hierzu viele Anregungen geben.

Die Totenstellung

Legen Sie sich auf den Rücken, spreizen Sie in einem bequemen Abstand die Beine und legen Sie die Hände mit den Handflächen nach oben neben Ihren Körper. Machen Sie es sich ganz bequem und achten Sie auf die Symmetrie Ihres Körpers. Geben Sie sich der Erde hin und allem, was kommen mag. Spüren Sie Ihren Kopf, Ihre Schultern, Ihre Arme, den oberen und den unteren Teil Ihres Rückens, den ganzen Körper bis zu den Füßen und versuchen Sie, mit jedem Ausatmen etwas mehr loszulassen ... Achten Sie darauf, dass alle Gesichtsmuskeln entspannt sind und die Zunge locker am Gaumen liegt. Die Zahnreihen haben keinen Kontakt. Geben Sie sich der Atmung hin, ohne sie zu kontrollieren oder zu beeinflussen, spüren Sie, wo der Körper vom Atem bewegt wird.

Lassen Sie alle Gedanken kommen und gehen und fangen Sie früher oder später an, die Pausen zwischen den Gedanken zu genießen.

Sie kehren aus der Totenstellung zurück, wann immer es Ihnen richtig erscheint, indem Sie sich recken und strecken, Hände und Füße bewegen und wieder wach werden.

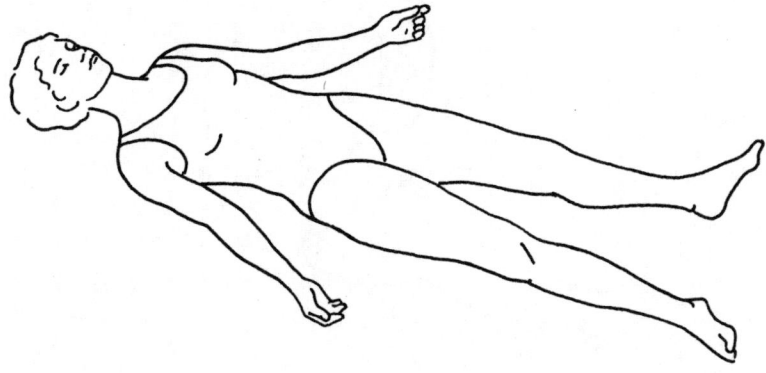

Vorübungen zum Lotussitz

Setzen Sie sich auf den Boden und halten Sie den Rücken gerade, ohne ihn zu verkrampfen, die Beine sind in der Grätsche ausgestreckt. Atmen Sie ruhig und gleichmäßig, ohne Anstrengung. Winkeln Sie nun ein Bein an. Das Knie bleibt dabei am Boden. Fassen Sie mit beiden Händen den rechten Fuß und legen Sie ihn möglichst nah am Körper auf den Oberschenkel des anderen Beines. Legen Sie eine Hand auf das Knie und wippen Sie locker damit auf und ab, während Sie die Muskeln dieses Beines entspannen und den Rücken gerade halten. Strecken Sie dann das Bein wieder aus und wiederholen Sie die Übung mit dem anderen Bein.

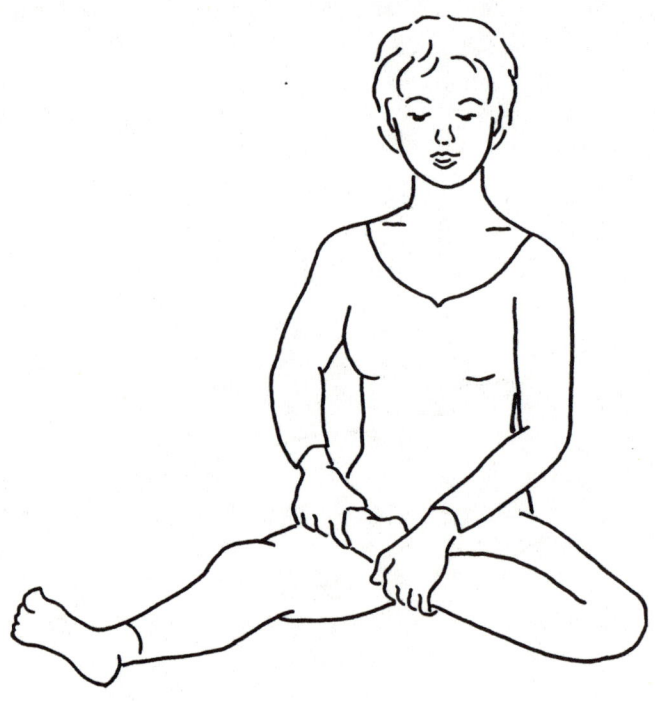

Schmetterling

Setzen Sie sich zunächst mit gerade ausgestreckten Beinen (nebeneinander) auf den Boden. Legen Sie nun die Fußsohlen aneinander, indem Sie die Beine in gerader Linie ans Gesäß ziehen. Halten Sie dabei den Rücken gerade. Wippen Sie nun gleichzeitig mit beiden Beinen locker auf und ab, wie ein Schmetterling, der seine Flügel bewegt. Lassen Sie dann beide Beine los und strecken Sie die Füße wieder aus.

Der halbe Lotus

Setzen Sie sich im Schneidersitz auf den Boden und halten Sie Rücken und Kopf gerade. Fassen Sie nun mit beiden Händen einen Fuß und legen Sie ihn möglichst nah an den Körper auf den entgegengesetzten Oberschenkel. Legen Sie dann beide geöffneten Hände mit den Handrücken auf die Knie, die Mittelfinger berühren den Boden. Sie können spüren, wie die Erdenergie durch Ihre Mittelfinger in den Körper strömt.
Schließen Sie die Augen und atmen Sie ruhig und regelmäßig.

Der Lotussitz

Erst wenn Sie den halben Lotussitz ohne Mühe ausführen können, sollten Sie den ganzen üben. Setzen Sie sich zunächst in den halben Lotussitz. Fassen Sie mit beiden Händen den Fuß, der noch nicht auf einem Oberschenkel liegt, und ziehen Sie ihn auf den freien Oberschenkel, wobei die Knie den Boden berühren sollten.
Legen Sie Ihre Hände vor den Bauch wie eine Schale, die rechte in der linken oder umgekehrt, und lassen Sie die Daumenspitzen einander berühren. Verbleiben Sie in dieser Stellung, so lange es Ihnen möglich ist. Atmen Sie ruhig und gleichmäßig.

Kaninchenstellung
(Schaschangasana)

Knien Sie sich auf den Boden und setzen Sie sich auf die Fersen, die Hände liegen locker an den Hüften. Halten Sie Rücken und Kopf gerade und atmen Sie langsam und gleichmäßig. Beim nächsten Ausatmen beugen Sie Kopf und Oberkörper nach vorn, der Scheitel berührt den Boden, die Stirn berührt die Knie, ihre Hände halten locker die Füße. Atmen Sie in dieser Stellung ruhig ein und aus, so lange es Ihnen gut tut.

Beim Einatmen richten Sie dann den Oberkörper wieder auf, halten den Kopf gerade, legen die Hände auf die Knie und verweilen auch in dieser Stellung noch einige Atemzüge.

Der Gruß (Namaskara)

Es gibt in Indien drei verschiedene Arten zu grüßen: Mitmenschen grüßt man, indem man die Hände flach aneinanderlegt und vor die Brust hält und sich dabei leicht verbeugt. Will man Respekt und Ehrerbietung ausdrücken, legt man die flach aneinandergelegten Hände an die Stirn. Der nachfolgend beschriebene Gruß ist an Gott gerichtet. Sie stehen entspannt, die Arme locker neben dem Körper, und atmen ruhig ein und aus.

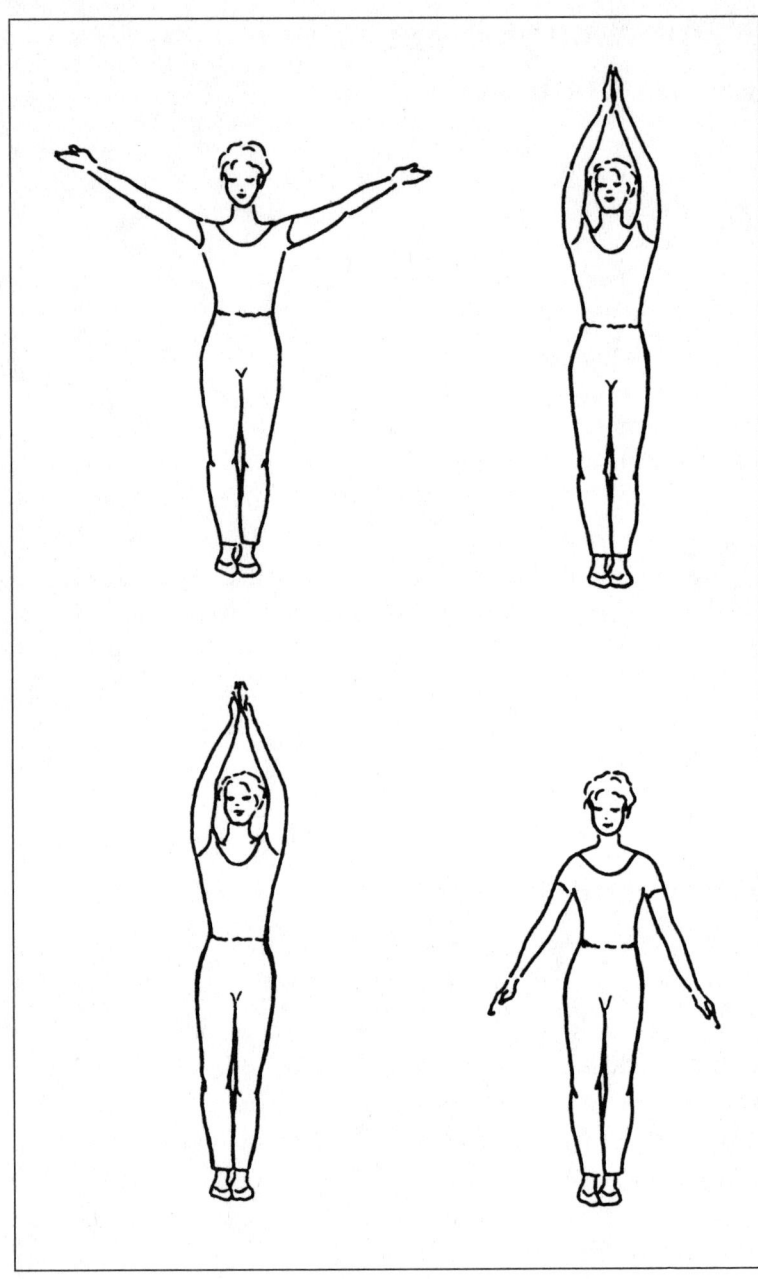

Beim nächsten Einatmen heben Sie beide gestreckten Arme über die Seiten nach oben, bis sich die Handflächen über dem Kopf berühren, die Fingerspitzen zeigen zur Decke. Sie folgen mit den Augen der Bewegung der Arme und schauen jetzt zur Decke. Und während Sie langsam ausatmen, senken Sie langsam die Arme mit nach unten gerichteten Handflächen und blicken wieder geradeaus. Die Arme liegen nun wieder locker neben dem Körper.
Wiederholen Sie den Gruß, sooft Sie mögen.

Das Sonnengebet

Mit dieser Übung drücken wir Dankbarkeit der Sonne gegenüber aus, die alles Leben auf diesem Planeten ermöglicht. Morgens ausgeübt, regt dieses Gebet den Kreislauf an und wirkt besser als Kaffee. Es gibt viele unterschiedliche Versionen des Sonnengebets, die uns jedoch alle die Verbindung von Himmel und Erde spüren lassen.

1 Sie stehen gerade, Sie haben guten Kontakt zum Boden, die Hände liegen locker an den Seiten. Sie atmen ohne Anstrengung tief aus und ein.

2 Beim nächsten Einatmen heben Sie die Arme gestreckt nach oben, führen die Hände über dem Kopf zusammen, dehnen sich zur Decke und beugen sich dabei mit angespannter Beckenmuskulatur leicht nach hinten.

3 Mit dem Ausatmen beugen Sie den Oberkörper mit geradem Rücken nach vorn und versuchen, die Handflächen auf den Boden zu legen oder die Waden zu umfassen (die Beine bleiben gestreckt).

4 Winkeln Sie nun, während Sie den Atem anhalten, die Knie so weit an, dass Sie in die Hocke gehen können.

5 Verlagern Sie das Gewicht des Oberkörpers auf die Arme und springen Sie mit beiden Beinen nach hinten. Das Körpergewicht ruht nun auf den Fußballen und den Händen.

6 Während Sie ausatmen, senken Sie Ihren Oberkörper gerade zum Boden, so dass Becken, Brust, Bauch und Beine gleichzeitig den Boden berühren.

7 Atmen Sie ein, indem Sie die Füße strecken, die Beine etwas auseinandernehmen und den Oberkörper vom Boden abheben und nach hinten biegen, indem Sie die Arme durchdrücken. Legen Sie den Kopf in den Nakken und blicken Sie nach oben. Ziehen Sie dann den ganzen Körper ein Stück nach vorn, so dass die Hände jetzt auf der Höhe des Bauchnabels liegen. Die Arme bleiben am Oberkörper liegen, ohne dass Sie die Schultern hoch-ziehen.

8 Stellen Sie beim Ausatmen beide Füße auf den Boden. Sie erreichen die Position des »Hundes«, indem Sie Arme und Beine strecken und den Kopf entspannt nach unten hängen lassen. Verweilen Sie drei Atemzüge lang in dieser Stellung.

9 Beim nächsten Ausatmen versetzen Sie die Füße nach vorn. Sie sollten versuchen, die Hände dabei am Boden zu lassen oder die Waden zu umfassen.

10 Heben Sie beim Einatmen den Kopf und versuchen Sie beim Ausatmen, die Stirn an die Knie zu halten.

11 Beim Einatmen richten Sie den Oberkörper mit geradem Rücken auf, heben die gestreckten Arme nach oben, so dass sich die Hände wie anfangs über dem Kopf berühren und Sie die Beckenmuskeln anspannen. Schauen Sie nach oben und dehnen Sie sich zur Decke mit leichter Rückbeuge.

12 Senken Sie die Arme und stehen Sie locker und entspannt in der Ausgangsposition.

Wiederholen Sie das Sonnengebet, sooft Sie mögen. Es macht wirklich munter, auch wenn die Sonne nicht sichtbar ist

Andere Formen der Meditaton

Mandalas

Sich malend mit Mandalas zu beschäftigen ist eine Form der Meditation. Es gibt inzwischen viele verschiedene Ausmalblöcke, die gerade in Familien viel Freude hervorrufen können, denn Kinder, Eltern und Großeltern haben in der Regel gleich viel Spaß am schweigenden Ausmalen solcher Vorlagen. Wenn alle das gleiche Mandala ausmalen, ist es interessant, die unterschiedliche Farbgebung zu beobachten. Dadurch wirkt das gleiche Muster ganz verschieden. Dies können wir auch als Symbol dafür nehmen, dass wir alle gleichwertige Menschen sind. Jeder von uns drückt sich aber mit anderen Farben aus und verleiht seiner Individualität auf diese Weise Ausdruck.

Es macht auch viel Freude, Mandalas aus Naturmaterialien zu legen. Sie können hierzu Sand, Muscheln, Steine, Blätter, Blüten, Samen, Federn, Leder, Stoff oder andere Dinge verwenden. Solche Mandalas werden nach einer Weile wieder abgebaut und der Natur zurückgegeben. Auch dies ist ein Symbol dafür, dass alles aus der Natur kommt und wieder in ihr aufgeht. Solche Erfahrungen können zu tiefgreifenden Erlebnissen werden. Beim Malen oder Legen von Mandalas höre ich gern leise und sanfte Musik.

Mandalas, die ja auch in der Natur vorkommen, wurden von Menschen aller Kulturen als Meditationshilfe benutzt. In Tibet, in der die Kultur der Mandalas wohl am weitesten entwickelt ist, gibt es spezielle Mandalas, die Heilzwecken dienen. Manche Menschen haben mir gesagt, dass sie von diesen Bildern so fasziniert waren, dass sie keine Kosten und Mühen scheuten, sich eine Abbildung oder sogar ein Original zu besorgen. Diese wunderbaren Mandalas scheinen von Geheimnissen erfüllt zu sein und haben einen Hauch von Exotik. Mandalas können aber auch einfach sein und sind auch für kleine Kinder eine Freude. Tatsächlich beginnen alle Kinder überall auf der Welt mit drei oder vier Jahren ihre Kritzeleien durch Malen von Formen zu ersetzen. Und irgendwann zeichnet jedes normal entwickelte Kind ein erstes Mandala: einen Kreis, ein Kreuz in einem Kreis, eine Sonne oder eine Sonne mit Gesicht. Wie durch ein Wunder entwickelt sich dieses Mandala-Malen spontan und überall auf der Welt bei Kindern auf gleiche Weise.

Nach dem fünften Lebensjahr lässt die Intensität des Mandala-Malens nach. Psychologen haben hieraus den Schluss gezogen, dass das Mandala-Malen Teil jenes Entwicklungsprozesses ist, den wir die Erlangung des Selbst-Bewusstseins nennen.

Das faszinierende daran ist, dass die von Kindern spontan gezeichneten Mandalas jenen Mandalas gleichen, die Menschen vor vielen Jahrtausenden in Höhlen malten oder einritzten. Vielleicht liegt diese Ähnlichkeit darin begründet, dass sich die Entwicklung des Bewusstseins bei Kindern auf gleiche Weise vollzieht wie einst bei unseren Vorfahren.

Wie Kinder sich durch das Malen dieser kleinen Zeichen Orientierung über sich selbst verschaffen und ihren Platz in dieser Welt finden, tut es auch uns gut, uns malend unserer Mitte zuzuwenden und uns selbst zu entdecken. Mit einem Mandala erschaffen wir in einem meditationsähnlichen Prozess ein Symbol unseres Selbst. In dem Kreis, den wir malen, treten die widersprüchlichen Teile unseres Wesens zutage. Wie in der Meditation können wir uns hierbei selbst ohne jede Wertung betrachten.

Wenn wir einen Kreis zeichnen, haben wir vielleicht das Empfinden, eine schützende Linie um den physischen und psychischen Raum zu ziehen, den wir als unsere Individualität betrachten. Das Mandala fördert unsere innere Ordnung und Ganzheit und kann uns so zu mehr Stärke und Selbstvertrauen verhelfen. Es ist, als würden wir einen uns eigenen heiligen Raum, einen geschützten Platz, einen Bereich zur Sammlung unserer Energien erschaffen. Indem wir unsere inneren Konflikte unbewusst im Mandala versinnbildlichen, bringen wir sie nach außen. Allein aufgrund des Malens kann ein Gefühl der Einheit entstehen, das uns friedlich werden lässt.

Indem wir in einer Haltung des Respekts und der Achtung vor den ewigen Kräften des Selbst in Stille und Achtsamkeit ein Mandala malen, fördern wir unsere Selbsterkenntnis, unsere Heilung und Weiterentwicklung.

Wenn Sie Lust haben, diese Form der Meditation auszuprobieren und Mandalas zu malen, benötigen Sie folgende Materialien: Zeichenpapier von guter Qualität; Pastellstifte, Buntstifte, Aquarellfarben oder Wachskreiden; eine Pappscheibe oder einen runden Teller von ca. 30 cm Durchmesser; ein Notizbuch; eventuell ein Lineal und einen Kompass. Außerdem sollten Sie sich hierfür eine Stunde Ruhe gönnen und die Meditation mit angenehmer Musik und vielleicht einem guten Duft begleiten. Zu Beginn nehmen Sie eine bequeme Haltung ein, in der Sie zunächst meditieren.

Lassen Sie dann vor Ihrem inneren Auge eine Form entstehen, vielleicht sehen Sie auch eine oder mehrere Farben. Zeichnen Sie nun mit der Pappscheibe oder dem Teller oder freihändig einen Kreis auf das Papier und lassen Sie sich dann ganz von Ihrer Intuition leiten, wenn Sie den Kreis mit Farben und Formen füllen. Es spielt keine Rolle, ob Sie am Rand oder in der Mitte beginnen. Es gibt kein richtig und kein falsch. Malen Sie einfach drauflos, bis Sie das Gefühl haben, Ihr Mandala sei fertig. Achten Sie auf Ihre Gefühle beim Malen. Drehen Sie dann das Bild so, dass Sie ein Oben und ein Unten bestimmen, und versehen Sie es mit Datum und Titel. Das Datum ist wichtig, weil Sie, wenn Sie öfter Mandalas malen, Ihre persönliche Entwicklung daraus ersehen können. Sie können das Mandala jetzt zur Seite legen oder auch noch eine Weile über dem Bild meditieren ... Wenn Ihnen das gefällt, stellen Sie sich vor, ganz klein zu sein und Ihr Mandala zu durchschreiten. Würden Sie sich wohl darin fühlen?

Zu einem späteren Zeitpunkt können Sie sich mit den in Ihrem Mandala vorhandenen Farben, Formen und Zahlen beschäftigen.

Schreiben Sie hierzu auf ein Blatt Papier alle Farben untereinander, die Sie verwendet haben. Dann alle Formen: z.B. Herz, Kreis, Punkt, Dreieck, Quadrat usw.

Die Zahlen bestimmen Sie, indem Sie die von Ihnen verwendeten Formen zählen, Sie haben z.B. drei Kreise, ein Quadrat oder zwölf Blätter gemalt. Schreiben Sie auch die Zahlen untereinander auf Ihr Blatt.

Anschließend notieren Sie hinter jede Farbe, Form und Zahl alles, was Ihnen dazu jeweils einfällt. Z.B. fällt Ihnen zu *Blau* Meer, Ferien, Entspannung, Alkohol, zu *Gelb* Neid, Sonne, fröhlich sein, zum *Dreieck* Dreieinigkeit, Schule, ich kann das nicht, Spitze, zur *Eins* alles in allem, Gott, Ewigkeit, Alleinsein und zur *Zwei* ich und du, Zweierbeziehung ... ein.

Wenn Sie alle Ihre Assoziationen aufgeschrieben haben, gehen Sie diese noch einmal durch und bilden spontan einen Satz für sich selbst. Mit dieser Methode erhalten Sie Schritt für Schritt Zugang zu sich selbst. Es ist allerdings unmöglich, ein Mandala bis ins Letzte zu ergründen. Das ist ja auch nicht Sinn der Sache. Mandalas können Ihnen helfen, sich zu entspannen und Zugang zu Ihrer inneren Weisheit zu finden. Und außerdem können Sie einfach Freude am Malen haben.

Meditatives Tanzen

Seit Urzeiten stellen Tänze einen Weg dar, auf dem man andere Bewusstseinszustände erreichen kann. Bewegungen lösen in Körper, Geist und Seele Veränderungen aus. Bestimmte Bewegungen, wie z.b. das Drehen im Kreis oder das Hin- und Herschwingen des Körpers, versetzen uns in Trance. Tanzen ist einerseits anstrengend, andererseits lädt es uns mit Energie auf und wem Tanzen Spaß macht, dem tut es einfach gut.

Mütter von kleinen Kindern werden es wahrscheinlich schwer haben, einen Kurs im meditativen Tanzen besuchen zu können oder mal wieder in die Disco zu gehen.

Jede Mutter kann aber zu Hause für sich selbst tanzen. Kinder sind hierbei überhaupt kein Hinderungsgrund, im Gegenteil, sie lieben es, sich zur Musik zu bewegen, besonders, wenn sie noch klein und ohne Hemmungen sind.

Wenn Sie meditative Tänze ausprobieren wollen, besorgen Sie sich entsprechende Musik. Es gibt Bücher, denen eine CD beiliegt, wie z.B. das empfehlenswerte Buch von Kaye Hoffmann (siehe Literaturverzeichnis).

Auch der Versandhandel bietet eine Vielzahl von Tanzmusik an und liefert sie Ihnen ins Haus. Sie können aber auch zu der Musik, die Sie zu Hause vorrätig haben, tanzen.

Es ist mühsam und frustrierend, sich nach einer schriftlichen Anleitung einen Tanz erarbeiten zu wollen. Ich empfehle Ihnen daher meine eigene Methode: Erfinden Sie Ihre Tänze selbst! Es gibt eine Menge Musik, zu der man einfach durch den Raum schreiten kann. Hierbei können Sie z.B. Spiralen laufen. Sehr eindrucksvoll ist das Abschreiten eines Fünfsterns im Raum (siehe untenstehende Skizze).

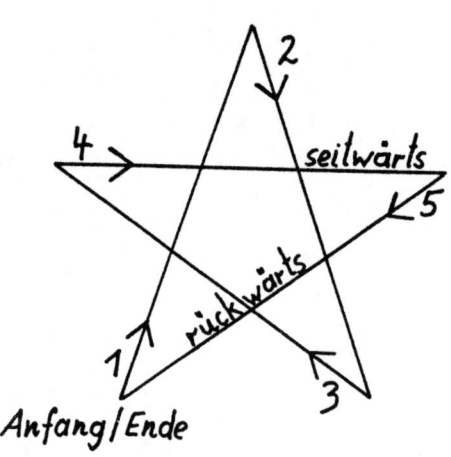

Wirkungsvoll ist auch, zwei Schritte vor und einen zurück zu gehen – wie das ja im Leben auch oft passiert. Sie können auch rhythmisch von einem Bein aufs andere treten oder sich nach vorn und zurück schwingen. Lassen Sie sich einfach von der Musik tragen und folgen Sie Ihrer Intuition. Es ist erholsam und führt zu neuen Erfahrungen, wenn Sie sich ganz auf die Musik und Ihren Körper einlassen.

Der leichte Weg zum Glück …

… oder mein Glaubensbekenntnis über das Menschsein

Als ich über den Schluss dieses Buches nachdachte oder die Quintessenz dessen, was ich vermitteln will, kamen mir zwei Bilder in den Sinn:

Das Leben vieler Menschen gleicht jenem Menschen im Kasten: Einschränkung, Sorgen und Unfreiheit bestimmen ihr Dasein. Viele von uns sitzen irgendwie fest. Unsere Kästen können größer oder kleiner sein, einfach oder mit Luxusausstattung. Es bleiben immer Kästen.

Wenn Sie das Gefühl haben, in einem solchen Kasten zu sitzen, und sich unfrei und gefangen fühlen, haben vielleicht auch Sie den Wunsch, sich zu erheben und zum Seiltänzer zu werden.

Dem Ungeübten erscheint der Seil-

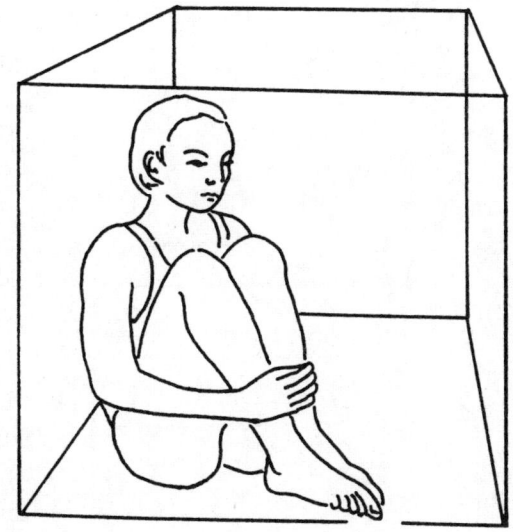

tanz zunächst schwierig, aber für den Seiltänzer selbst ist es die leichteste Sache von der Welt. Er hat keine Angst, da er sich im Gleichgewicht seiner Kräfte befindet. Er vertraut sich selbst. Er ist aufmerksam und achtsam. Und er lächelt.

Zum Abschluss möchte ich Ihnen anhand meines ganz persönlichen Glaubensbekenntnisses die Aspekte vorstellen, die ich für das Gelingen dieses Seiltanzes für sinnvoll und notwendig erachte.

Ich glaube an das Einssein und die Fülle,
an das unbegrenzte Potenzial.

Wir sind nicht nur das, was wir in uns selbst sehen, sondern viel mehr. In jedem von uns lebt ein unverletzbares, vollkommenes Selbst, ein reines Bewusstsein und universelle Energie.

Je mehr wir über uns lernen, desto mehr nähern wir uns unserem Wesen und können fühlen, dass wir eins mit allem sind. Wenn wir unser wahres Selbst erkennen, müssen wir uns nicht länger mit Sorgen quälen und um Macht und um Anerkennung kämpfen. Wir sind dann immun gegen Kritik und Verunsicherung.

Unser Ego verlangt nach Anerkennung, Macht, Geld – aber so viel wir davon auch besitzen: Wir können nicht glücklich werden, wenn wir unser wahres Selbst nicht erkennen. Es gibt keine Sicherheit, solange wir sie in äußeren Dingen suchen. Alles Glück und aller Reichtum dieser Welt sind vergänglich, allein unser wahres Selbst ist unvergänglich. Meditation ist der Weg, dies zu erkennen und zu erfahren und in der Folge unendliche Kreativität und Freude zu erleben.

Wenn wir uns täglich darin üben, nichts zu beurteilen, kann unser Geist ruhig und zufrieden werden. Wenn wir uns Zeit nehmen, uns auf die Natur einzustimmen, den Duft einer Blume bewusst wahrzunehmen, uns in einen Baum zu vertiefen oder einen Schmetterling mit Achtsamkeit zu beobachten, kommen wir unserem wahren Selbst näher.

Ich habe vor vier Monaten eine unscheinbare, verschrumpelte, trockene Knolle gekauft. Ich habe sie in einen Blumentopf mit Erde gesteckt und täglich gegossen. Lange Zeit passierte gar nichts. Ich wollte sie schon wegwerfen. Schließlich zeigte sich ein grüner Trieb. Heute sind die weißen Blüten aufgegangen und ein unbeschreiblicher Duft erfüllt den Raum. Es ist eine Tuberose, einer der begehrtesten Duftstoffe der Welt. Wie kann in einer so hässlichen Knolle eine solche Pflanze verborgen sein?

Ich glaube, dass wir alle miteinander in Beziehung stehen. Geben und Nehmen sollten einander abwechseln wie Ebbe und Flut.

In der Natur, im Universum, überall findet ein dynamischer Austausch, ein gigantisches Wechselspiel statt. Blätter fallen und werden zu Erde, Samen breiten sich aus und bilden neue Pflanzen, die wiederum Tieren als Wohnraum oder Nahrung dienen ... das Wechselspiel von Geben und Nehmen ist ein ewiger Kreislauf, alles ist mit allem verwoben.

Auch wir geben und empfangen täglich Freude und Schmerz, wir essen und produzieren Abfall, der, wenn es sich um die Reste natürlicher Nahrungsmittel handelt, wieder zu Erde wird. Wenn wir im Gleichgewicht bleiben wollen, müssen Geben und Nehmen im Einklang sein. Wer achtsam gibt, wird reich beschenkt: mit einem Lächeln, einem guten Wort, einer Zärtlichkeit, mit Aufmerksamkeit, Liebe ...

Aber gibt es nicht immer wieder Frauen, werden Sie einwenden, die mehr geben, als sie von anderen nehmen? Die sich ständig für andere aufopfern? Ich glaube nicht, dass dem so ist. Entweder bekommen sie im Gegenzug auch sehr viel zurück oder sie geben anderen ohne besondere Achtsamkeit. Sie geben möglicherweise auch da, wo gar nichts genommen werden will. Wenn ich meinem Kind noch täglich die Schuhe zubinde, obwohl es das schon selber kann, ist das meine Entscheidung. Ich gebe hier entweder unachtsam oder ganz bewusst, weil ich dafür etwas bekomme: z.B. ein Lächeln oder Zeit, die ich dadurch spare.

Wenn Geben und Nehmen im Einklang stehen, sind wir auch offen für die Geschenke, die wir von anderen erhalten, und können sie annehmen. Wie oft bekommen wir etwas geschenkt und bemerken es nicht, geschweige denn, dass wir uns dafür bedanken! Wäre es nicht eine gute Idee, allen Menschen, denen wir begegnen, etwas zu schenken: z.B. indem wir ihnen aufmerksam zuhören, ihnen achtsam in die Augen schauen oder indem wir ihnen eine Blume, ein Lächeln, ein Kompliment schenken ...? Und wäre es nicht ebensogut, alles, was wir heute geschenkt bekommen, dankbar anzunehmen: den milden Regen, das Lachen unseres Jüngsten, den Gesang der Vögel, die freundliche Geste eines Autofahrers? Ich erinnere mich noch genau an das schlechte Gefühl, das ich oft hatte, wenn ich sehr früh morgens in Berlin zur Arbeit musste.

Manchmal war mir sogar zum Heulen zumute. Aber es gab einen Straßenfeger, der mich freundlich grüßte, manchmal im Nebel. Das war ein Geschenk, an das ich mich gern zurückerinnere. Wenn wir die kostbaren Geschenke des Lebens empfangen und weitergeben, halten wir den Kreislauf der Fülle in Gang.

Ich glaube, dass alle Handlungen und Gedanken Folgen haben und ich darüber entscheiden kann, was ich jetzt denke und tue.

Was immer wir tun, es hat Konsequenzen oder: Wie man in den Wald hineinruft, so schallt es heraus. Wir ernten, was wir säen, und wir können jeden Tag neu entscheiden, was wir säen wollen. Dieser Gedanke wird in einigen Religionen als Karma bezeichnet. Wer an Wiedergeburt glaubt, kann annehmen, dass manches, das uns heute widerfährt, eine Reaktion darauf ist, was wir in einem früheren Leben getan haben. Manche Samen keimen eben gleich und andere erst viel später. Die meisten Menschen reagieren automatisch und ohne Achtsamkeit. Nach dem Motto: Immer, wenn ich Kopfschmerzen habe, müssen andere dafür büßen.

Meditation hilft uns, achtsamer im Umgang mit uns und anderen zu werden und nicht automatisch das zu tun, was wir schon immer getan haben. In unserem Verhalten sollten wir auch an die Folgen denken. Wir werden nicht glücklich, wenn wir andere Menschen verletzen. Das Gefühl, einen anderen besiegt zu haben, sei es mit Körperkräften oder mit Worten, macht uns nur kurzfristig froh. Langfristig gesehen schaden wir nicht nur unseren Mitmenschen, sondern auch uns selbst.

Begegne ich dagegen mir und anderen mit mehr Achtsamkeit und treffe meine Entscheidungen mit offenem Herzen, mache ich mich und andere glücklich.

Etwas mit Freude tun, macht die Dinge leicht.
Mit wenig Aufwand kann ich oft mehr erreichen.

In der Natur geht alles mühelos und mit Leichtigkeit vonstatten. Eine Blume strengt sich nicht an, um zu wachsen und zu blühen, eine Glucke zieht ihre Küken groß, ohne sich besonders abzumühen. Eine Katze investiert viel Zeit und Liebe, um ihre Jungen großzuziehen. Sie tut dies mit gelassener Selbstverständlichkeit. Wenn wir im Fluss sind, erreichen wir alles mühelos. Wenn wir die Kräfte der Freude und Harmonie einsetzen, geht alles wie von selbst. Zu große Anstrengung ist Gewalt, geringer Aufwand Eleganz. David besiegte Goliath ohne große Kraftanstrengung. Wenn ich verliebt bin, koche ich das Menü mit Gesang und Lust. Wenn ich freudig mit meinen Kindern etwas unternehme, muss ich mich nicht anstrengen, ich gehe im Spiel auf und vergesse die Zeit. Versuche ich aber, Macht und Kontrolle auszuüben und ihren Willen zu brechen, steigere ich mich in Wut hinein, strenge mich an, verbrauche Energie.

Wir alle kennen jene köstlichen Momente, wo wir mit einem strahlenden Lächeln verkünden: »Und heute räumen wir auf!« An anderen Tagen ringen wir uns ein verbissenes »Und wenn du heute nicht hier aufräumst ...« ab und ernten nur Trotz und Auflehnung.

Wenn wir mit wenig Aufwand viel erreichen wollen, müssen wir dreierlei beachten.

Zunächst müssen wir die Dinge so nehmen, wie sie sind: Wenn ich Kopfschmerzen habe, habe ich eben Kopfschmerzen. Wenn mein Mann schlecht geschlafen hat, ist er eben schlecht gelaunt. Wenn mein Kind nicht das will, was ich will, muss ich auch das hinnehmen.

Akzeptiert man eine Situation als solche, spart man viel Energie. Wenn ich mich über meine Kopfschmerzen, meinen Mann, mein Kind oder etwas anderes ärgere, ist das mein persönliches Gefühl. Ich bin nicht verpflichtet, mich zu ärgern, und keine Macht der Welt kann mich zwingen, frustriert oder beleidigt zu sein. Es ist meine Entscheidung.

Zweitens müssen wir unsere kreativen Fähigkeiten anerkennen. Wir können auf jedes Problem kreativ reagieren und mehrere Lösungen finden. Jedes Problem enthält die Samenkörner unzähliger Lösungen. Probleme bringen uns weiter. Wir können sie als Herausforderungen sehen und aus ihnen neue und schöne Ideen entwickeln.

Das Erzählen von Geschichten hat z.b. nicht nur eine positive Wirkung auf Kinder, sondern auch auf Erwachsene, und bei unangenehmen Arbeiten hilft es, zu singen oder sich mit Düften zu umgeben. Dadurch wird die Arbeit leichter und der Aufwand geringer. Statt im Geiste vor mich hin zu schimpfen und die gesamte Familie nebst allen Tieren zu beschuldigen, so viel Dreck zu machen, betrachte ich die Putzarbeit (auch mir gelingt das nicht immer) als eine heilige Handlung, eine liebevolle Geste der Raum-Pflege im wahrsten Sinne des Wortes. Das hat geholfen! Schon deswegen, weil ich darüber lachen musste. Gerade, wenn wir mal etwas anders machen, als wir es bisher immer getan haben, können wir angenehm überrascht werden. Probieren Sie es doch einfach mal aus.

Die dritte Voraussetzung, mit wenig Aufwand viel zu erreichen, ist die der Widerstandslosigkeit. Wir müssen andere gar nicht von unserem Standpunkt überzeugen. Wenn wir aufhören, uns langatmig zu verteidigen, zu erklären und zu rechtfertigen, gewinnen wir Unmengen an Energie und Kraft. Je mehr wir etwas erzwingen wollen, desto größer wird der Widerstand. Wer unflexibel ist, zerbricht. Ein biegsamer Halm gibt sanft dem Wind nach.

Wenn man aufhört, sich an seinen Standpunkt und sein Problem zu klammern, kann man Gefühle wie verletzt worden zu sein, Trotz und Groll wie Lasten abwerfen und sorgloser und freier leben. Jeder Stein, der mir in den Weg gelegt wird, bietet eine Gelegenheit, etwas Neues und Kreatives zu erschaffen und offen zu sein für alles, was mir begegnet.

Ich darf Wünsche äußern und Ziele haben.

Physiker haben herausgefunden, dass unsere Welt, ja das gesamte Universum ein einziger Tanz von Elementarteilchen ist. Es gibt keine Trennung von Geist und Materie, von Mensch und Umwelt: Es erscheint uns nur so. Wenn alles mit allem verbunden ist, macht es Sinn, Wünsche zu äußern und Ziele zu haben. Denn wenn ich eins mit allem bin, kann ich auch Einfluss nehmen und etwas in Bewegung setzen. Physiker haben herausgefunden, dass ein Elektron, ein Photon oder Meson wie jedes andere Elementarteilchen erst in dem Augenblick zu existieren beginnt, in dem ein Beobachter danach sucht. Diese ungeheure Tatsache besagt, dass wir, indem wir denken, fühlen und beobachten, unsere Wirklichkeit erschaffen. Wir haben es nur noch nicht begriffen! Weil unser Nervensystem sehr flexibel ist, sind wir fähig, bewusst auf das Bild, das wir uns von uns und unserer Umwelt machen, Einfluss zu nehmen. Ich kann in einem Baum lediglich den materiellen Wert sehen, ich kann in ihm aber auch etwas Heiliges sehen. Es kommt auf meinen Standpunkt an. Mit unserer Wahrnehmung erschaffen wir uns unsere Welt. Veränderungen können wir durch Aufmerksamkeit und Absicht herbeiführen. Indem wir einer Sache Aufmerksamkeit schenken und eine bestimmte Absicht verfolgen, können wir etwas verändern. Aufmerksamkeit lädt uns mit Energie auf, Absicht lenkt diese Energie in eine bestimmte Richtung. Diese Erfahrung können wir täglich machen.
Wenn ich meine Aufmerksamkeit auf die Stärken und Fähigkeiten meines Kindes richte und die Absicht verfolge, alles zu tun, damit es sich in dieser Richtung weiterentwickelt, hat es alle Chancen dazu. Wenn wir uns auf die Fehler und Schwächen unserer Mitmenschen konzentrieren, werden uns diese umso mehr ins Auge springen.

Wenn wir uns in der Meditation auf die Stille zwischen unseren Gedanken konzentrieren und in diese Lücke unsere Absichten und Wünsche einstreuen, ist das, als würden wir Samen aussäen. Ohne Anstrengung und ohne Verbissenheit, leicht, wie der Same einer Pusteblume, kann unser Wunsch ins Universum schweben und dort für uns wirken. Wir dürfen uns etwas wünschen und unsere Wünsche in den Himmel schicken wie zarte Samen in den Schoß der Schöpfung. Nicht alle werden in Erfüllung gehen. Später werden wir erkennen, dass auch das seine Richtigkeit hat.

Ich glaube, dass es sinnvoll ist, Demut zu üben und anzuerkennen, dass es einen höheren Sinn geben kann als den, den wir wahrnehmen.

Sich an etwas klammern oder etwas um jeden Preis bekommen zu wollen führt immer zu Verbitterung und Enttäuschung. Wenn wir aber von unseren Wünschen, Absichten und Gefühlen Abstand nehmen und sie loslassen, so wie die Pusteblume ihre Samenkinder in die Welt fliegen lässt, können wir Wunder erleben. Ich habe das in meinem Leben immer wieder erfahren.

Hartnäckigkeit ist eine Art, etwas zu erreichen, Loslassen eine andere. Beides kann sinnvoll sein.

Mein Mann und ich haben unser Haus genau zu dem Zeitpunkt gefunden, nachdem wir beschlossen hatten, den Wunsch aufzugeben, »weil es ja sowieso keinen Zweck hat«.

Ein Mann berichtete mir, dass er hartnäckig und mit allen erdenklichen Mitteln nach einer passenden Frau gesucht hat. Er fand seine Frau in dem Moment, in dem er die Suche aufgab. Viele Frauen werden schwanger, wenn sie den Wunsch nach einem Kind aufgeben und eines adoptieren. Wenn man ganz genau weiß, was geschehen wird, schließt man eine ganze Reihe von anderen hervorragenden Möglichkeiten aus. Wir dürfen Wünsche und Absichten haben, aber es ist töricht, sich daran zu klammern. Ich darf mir eine Tochter wünschen, aber nicht verlangen, dass ich sie bekomme. Ich darf mir wünschen, dass mein Sohn das Spielen eines Instrumentes erlernt, aber ich kann es nicht erzwingen. Mit erzwungenen Lösungen schafft man nur neue Probleme. Richtet man seine Aufmerksamkeit jedoch auf die Ungewissheit oder das Chaos der Verwirrung, taucht oft eine wunderbare Lösung auf, die, wie sich nachträglich herausstellt, oft besser ist als das, was ich mir ursprünglich erhofft hatte. Wenn ich mich im Loslassen übe, kann ich meine Kinder, meinen Partner und mich selbst so akzeptieren, wie sie sind und wie auch ich bin. Wenn ich akzeptiere, dass Unsicherheit Teil meines Lebens ist, und ich trotzdem Vertrauen habe, kann ich das Leben als ein Abenteuer voll Freude und Zauber genießen. Ganz besonders ein Leben mit Kindern.

Ich glaube, dass jedes Leben sinnvoll ist und dass es sich lohnt, nach meiner persönlichen Begabung, meinen Talenten und Aufgaben zu suchen.

Wir sind auf dieser Erde, um eine Aufgabe zu erfüllen und herauszufinden, wie wir der Welt mit unseren Fähigkeiten dienen können.
Jeder Mensch hat ein einzigartiges Wesen, einzigartige Talente und etwas, das er besser kann als andere. Wenn wir uns öfter fragen: »Wie kann ich dieser Welt dienen?« oder »Was kann ich für die Menschen tun, mit denen ich zusammen bin?«, können wir unser Leben als sinnvoll erfahren. In der Meditation können wir auf diese Fragen Antwort finden und unseren eigenen Weg erkennen und gehen.
Wenn wir die tiefe Stille erfahren, können wir den göttlichen Funken in uns entdecken, das Einssein mit allem, und unsere Aufgaben mit Liebe erfüllen. Liebe macht alles leicht.

Literatur

Achterberg, Jeanne: Gedanken heilen. Die Kraft der Imagination. Grundlagen einer neuen Medizin. Rowohlt Verlag, Reinbek 1990

Alman, Brian M./Lambrou, Peter T.: Selbsthypnose. Ein Handbuch zur Selbsttherapie. Carl-Auer-Systeme, Heidelberg, 2. Aufl. 1996

Boorstein, Sylvia: Buddha oder die Lust am Alltäglichen. Scherz-Verlag, Bern 1996

Carrington, Patricia: Das große Buch der Meditation. Scherz-Verlag, Bern 1992

Chopra, Deprak: Die sieben geistigen Gesetze des Erfolgs. Heyne Verlag, München 1996

ders., Die unendliche Kraft in uns. Heyne Verlag, München 1994

Cramer-Bochow, Gerda: Ur-Energie-Traum. Was wir von Naturvölkern im Umgang mit Träumen lernen können. Kösel-Verlag, München 1995

Dahlke, Rüdiger: Mandalas der Welt, Ein Meditations- und Malbuch. Heyne Verlag, München 1990

Davis, Roy Eugene: Meditation als Lebenshilfe. Einfache Einführung in die Meditation. Verlag Moderne Industrie, Friedrichsdorf, 3. Aufl. 1993

Epstein, Gerald: Gesund durch die Kraft der Vorstellung. Ein Übungsbuch. Kösel-Verlag, München 1992

Fincher, Susanne F.: Mandala-Malen, Der Weg zum eigenen Zentrum. Aurum-Braunschweig-Verlag, Braunschweig, 2. Aufl. 1994

Goldstein, Joseph/Kornfield, Jack: Einsicht durch Meditation. Die Achtsamkeit des Herzens – Buddhistische Einsichts-Meditation für westliche Menschen. Scherz-Verlag, Bern 1989

Harp, David/Feldmann, Nina: Meditieren in drei Minuten. Meditationstechniken für moderne Menschen. Rowohlt Verlag, Reinbek 1993

Hoffmann, Kaye: Trance und Tanz. Neue Wege in Selbsterfahrung und Therapie. Kösel-Verlag, München 1993

Holitzka, Klaus/Niemuth, Jochen: Das Mandala als Grundstruktur des Universums. Ch. Falk Verlag, Seeon 1994

Jenny, Esther/Keshava, Dasappa: Yoga: Grundkurs für Anfänger. Mit Hatha Yoga Schritt für Schritt zu Entspannung, Beweglichkeit und innerer Ruhe. Das GU Übungsbuch für Anfänger jeden Alters. Gräfe u. Unzer Verlag, München, 5. Aufl. 1995

Kabat-Zinn, Jon: Gesund durch Meditation. Das große Buch der Selbstheilung. Das grundlegende Übungsprogramm zur Entspannung, Stressreduktion und Aktivierung des Immunsystems. Scherz-Verlag, Bern 1994

ders., Stark aus eigener Kraft. Im Alltag Ruhe finden – Das umfassende Meditationsprogramm für alle Lebenslagen. Scherz-Verlag, Bern 1995

Kornfield, Jack: Frag den Buddha – und geh den Weg des Herzens. Kösel-Verlag, München 1995

Landa, Hilda M./Zohner, Maria R.: Meditatives Tanzen. Kreuz Verlag, Stuttgart, 4. Aufl. 1994

Maschwitz, Gerda und Rüdiger: Aus der Mitte malen – heilsame Mandalas. Anregungen für Kinder, Jugendliche und Erwachsene. Kösel-Verlag, München 1996

Preuschoff, Gisela: Du und ich. Beziehungsspiele. Papyrossa Verlag, Köln 1996

dies., Ich weiß nicht, wo mir der Kopf steht. Hilfe für gestresste Mütter. Kösel-Verlag, 3. Aufl. 1993 dies., Kinder zur Stille führen. Meditative Spiele, Geschichten und Übungen. Herder Verlag, Freiburg, 2. Aufl. 1996

dies., Das kleine Wunschbuch. Kösel-Verlag, München 1995

Schwäbisch, Lutz/Siems, Martin: Selbstentfaltung durch Meditation. Eine praktische Anleitung. Rowohlt Verlag, Reinbek 1987

Satir, Virginia u.a.: Das Satir-Modell – Familientherapie und ihre Erweiterung. Junfermann Verlag, Paderborn 1995

Sivananda YOGA ZENTRUM: Yoga für alle Lebensstufen – in Bildern. Gräfe u. Unzer Verlag, München 1985

Stewart, Mary/Phillips, Kathy: Kinder spielen Yoga. Kösel-Verlag, München 1994

Thich Nhat Hanh: Lächle deinem eigenen Herzen zu. Wege zu einem achtsamen Leben. Hrsg. von Bosset, Judith/Mentes-Wilsing, Adelheid. Herder Verlag, Freiburg, 2. Aufl. 1996

Quellen

Da der Autorin die hier abgedruckten Geschichten, Gedichte und Aussprüche in vielen Fällen mündlich überliefert worden sind, war es dem Verlag leider nicht immer möglich, die genuinen Urheber bzw. Rechtsinhaber ausfindig zu machen. Für den Fall, dass Rechtsansprüche von Autoren oder Verlagen geltend gemacht werden, ist der Verlag dankbar für einen Hinweis.

Jack Kornfield: Buddhas kleines Weisungsbuch. Droemer Knaur Verlag, München 1994: S. 9, 13, 23, 24, 30, 43, 46, 54, 56, 57, 58, 63, 69, 71, 72, 74, 78, 81.

Lao-tse: Tao-te-king. Aus dem Chinesischen übersetzt, herausgegeben und mit einem spirituellen Kommentar versehen von Ernst Schwarz. Kösel-Verlag, München 1995: S. 21.

Gerda und Rüdiger Maschwitz: Aus der Mitte malen – heilsame Mandalas. Anregungen für Kinder, Jugendliche und Erwachsene. Kösel-Verlag, München 1996: S. 16, 19.